不陪跑的父母

范曉軍 著

用退場成全孩子的獨立

信任教育

決策訓練

天分引導

用理解代替控制
讓孩子擁有自主成長的力量

如何教出獨立又有紀律的孩子？
「放手」的教育法，走出每個孩子專屬的未來

適度縱容、平等對話、培養興趣、學會取捨……
不做孩子的參天大樹，做他的陽光和雨露！

目錄

前言 005

Chapter1
每個孩子都是獨特的花朵，尊重個性、欣賞差異 009

Chapter2
放手才是愛，給孩子自由成長的空間 037

Chapter3
順應天性，激發孩子的潛能與創造力 073

Chapter4
傾聽是橋梁，與孩子建立真正的連結 101

Chapter5
興趣是最好的老師，用愛激發好奇心 137

目 錄

Chapter6
學會學習，比擁有知識更重要　　　　　　　167

Chapter7
體驗是成長的助推器，少說教、多讓孩子嘗試　　191

Chapter8
孩子的成功定義，由自己書寫　　　　　　　229

前言

這個世界上，沒有哪個父母不愛孩子，不為了孩子而竭盡全力，但是美好的願望卻不一定能為孩子帶來好的結果。

於是，面對孩子的成長，很多家長感到迷茫焦慮，反覆地問自己：到底是該好好地管孩子，還是該放手，給孩子一個快樂的童年？

其實，這個問題很早之前就已經有了答案。迪士尼樂園的路徑，是由世界建築大師葛羅培斯（Walter Gropius）設計的。當初他也曾經大傷腦筋，不知道該如何設計得更完美。

後來他突發靈感，決定「撒上草種，提前開放」。在提前開放的半年時間裡，迪士尼工作人員沒有限制遊人，甚至請他們自由踩踏。結果，草地被踩出許多小路，有寬有窄，有彎有直，優雅自然。

接下來，葛羅培斯按照這些踩出的痕跡，讓人鋪設了一條條人行道 —— 這自然而成的路徑設計，之後竟然被評為世界最佳設計。

這告訴我們這樣一個道理：很多時候，很多事情，順其自然，也許是最佳的選擇。建築如此，教育何嘗不也是這樣？孩子的成長之路，就是一條鋪向未來的路徑，順其本性，順應

前言

　　自然，才是最為明智之舉。因為在孩子看來，家長過多的關心、管束，就是一種變相的壓力、逼迫。管多了，反而管出怨恨來。

　　要不然，我們怎麼總是聽到孩子有這樣的抱怨：「媽，妳可不可以不要管我！我快累死了，妳不要給我壓力了好不好？」

　　「你為什麼總是要我聽話！難道我只是聽話的機器？」

　　「我做事的時候，媽媽總是在一旁指指點點，真的很煩！」

　　「媽媽，妳總是說為了我好，為了我好，可是我看不到哪裡變好了！」

　　……

　　事實上，很多時候，「我是為你好」都只是一句騙人的話。不妨想想，大部分家長口中的「我是為了你好」，是真的為了孩子好嗎？

　　並非如此！雖然很多父母的出發點是好的，但更多時候，這樣的教育方式卻成為一把利劍，深深地傷害了孩子。這所謂的愛和好，都是建立在對孩子的控制和管教上的，不知不覺讓孩子失去了自我，失去了主見。

　　孩子是一棵有自己生長節奏的小樹。慢一點，從容一點，方能優雅自在，茁壯茂盛。家長應該不和孩子較勁，讓他自由

去發揮，還應該跟在他的身後，放慢匆匆的腳步，欣賞他的成長。

孩子是一艘可以獨立航行的小船。家長要真心愛孩子，但不能永遠將孩子庇護在溫暖和呵護中，走出傳統的管理和控制，給予他充分的自由，才能讓孩子快樂地駛向未來。

孩子是一粒花種，只不過有的花，一開始就燦爛綻放；有的花，卻是姍姍來遲。家長應該學會懂孩子和等孩子，並且潛心體會和孩子一起成長的時光。在這個過程中，彼此都是舒服的、快樂的，才是最美好的事情⋯⋯

放養，讓孩子像孩子一樣成長，才是給他們最好的愛！

當然，放養教育不是某些家長懶惰的藉口，更不是他們不願意花心思陪伴、教育孩子的擋箭牌。就如同黑幼龍說的那句話：「給孩子自由的成長空間，讓他們盡情玩耍，教他們獨立生活的技巧。今天，我們的孩子需要的恰恰是這樣的成長過程。」

前言

Chapter1
每個孩子都是獨特的花朵，
尊重個性、欣賞差異

　　每個孩子都是一粒花種，都有發芽、開花、結果的時候，只不過有的花，一開始就燦爛綻放；有的花，卻是姍姍來遲。放養的一個重要原則就是不過分期望，不操之過急，耐心等待孩子的成長，並以成人的冷靜和睿智來引導孩子，這個過程是正向的、舒心的，孩子才會成長得更美好！

Chapter1　每個孩子都是獨特的花朵，尊重個性、欣賞差異

孩子的珍貴在於與眾不同

在這個世界上，我們不可能找到兩片相同的樹葉，同樣的，我們也找不出兩個性格完全相同的孩子。可見，每一個孩子都是獨一無二的。然而，這些獨一無二的孩子中，有的性格討喜，有的性格不討喜，但不管孩子的性格是好是壞，身為父母，我們都要全盤接收。因為，正是這份獨特，孩子才會成為獨一無二的存在。

秦卿是一位職場女性，因為性格外向、樂於助人，所以人緣特別好。反觀秦卿的兒子小新，性格內向、孤僻，不太喜歡和同學們一起玩，就連一些團體活動，他也是能不參加就不參加。因為小新的特立獨行，老師特地聯絡秦卿，與秦卿談了很久。

這一天，小新放學回家後，秦卿問小新：「兒子，你上學已經好幾個月了，有沒有交到新朋友？學校好玩嗎？」

小新回答說：「沒有，大家在一起總是打打鬧鬧的，我覺得他們好幼稚。」秦卿又接著問：「你為什麼會這麼想呢？」

小新說：「我覺得打打鬧鬧太沒意思了，還不如自己多看看書，或者放假了獨自去郊遊。媽媽，我很羨慕武俠小說裡面的那些大俠，他們來去自由，不受束縛，我以後也想當這樣瀟灑的大俠。」

孩子的珍貴在於與眾不同

秦卿聽後，不禁皺起眉頭。她覺得孩子這樣下去以後社交會有障礙，覺得孩子必須要和同伴們一起玩、一起打鬧才是正常現象，她甚至懷疑孩子是否有自閉症。因此，秦卿勸說小新：「兒子，你不要這麼不合群，應該多和朋友在一起玩，一起談心，這樣的生活態度才是正常的。老是關起門來，一個人待著，大家會覺得你很奇怪的。」

小新聽到媽媽這麼說，冷漠地回答：「可是，我就是喜歡一個人安靜地待著，我覺得這樣很好，我不覺得有什麼奇怪的。」

面對小新的堅持，秦卿無計可施。

後來，秦卿打算約幾個朋友帶著孩子一同去郊遊，她覺得這是一次鍛鍊小新的好機會。她對小新說：「媽媽今天帶你去見幾個新朋友怎麼樣啊？」小新還是拒絕了，他對秦卿說：「媽媽，我不想去，我不喜歡和小孩子一起玩，沒意思。」

秦卿說：「你不也是小孩子嘛！」

小新搖搖頭：「反正我是不會去的，我再說一遍，我就是喜歡自己一個人待著！」

秦卿非常無奈，此次出行計畫只好作罷，她不禁嘆氣，自己的兒子怎麼會那麼固執呢！

成年人的性格其實在孩童時期就已經成型了，因此，在我們周圍，和小新性格很相似的孩子還有很多。但是，很多父母

011

Chapter1　每個孩子都是獨特的花朵，尊重個性、欣賞差異

卻覺得自己的孩子整天一個人很奇怪，便覺得小孩子天生就是愛熱鬧的，喜歡和同齡的小朋友一起玩。因此，當發現自己的孩子性格很孤僻，父母就會著急，甚至有的父母還會因此而責備孩子：「你怎麼跟個悶葫蘆似的！」、「你怎麼小小年紀跟個死氣沉沉的老頭一樣……」但是，這種辦法並沒有改善孩子的情況。因為越責備，孩子的思想包袱就越重。特別是父母那種命令式的口吻，對孩子的心理成長沒有好處。

有些父母為了糾正孩子孤僻的性格，要求孩子跟性格活潑外向的同伴一起相處，但是，他們不知道，這樣只會適得其反。當性格內向的孩子和外向的孩子相處時，心理壓力反而更大，心中會形成一道防護牆，讓孩子更加內向孤僻。

因此，父母不要強行改變孩子的性格，不管孩子的性格是安靜還是活潑，是天真還是內斂，只要孩子身心健康、生活快樂，我們就應該尊重孩子本來的模樣。

如果我們孩子的性格與別人不一樣，我們也沒必要強求，這不是缺點，不要因為這一點就去斥責孩子，我們應該對孩子寬容一些。即使孩子的性格上有某些不好的傾向，也不要強迫孩子改變，身為父母，我們應該多和孩子交流，抓住孩子的性格特點。

針對不同性格的孩子，父母要用不同方法去教育。比如，孩子的性格偏激，那麼就要用溫聲細語的方式去教育孩子，因

為偏激遇上偏激，只會碰撞出更大的火花；如果孩子的性格散漫，那麼就要用嚴肅的態度去教育孩子，因為你的嚴肅可以感染孩子，讓孩子意識到事情的重要性；如果孩子的性格特立獨行，那麼也要用特立獨行的方式去教育孩子，只有讓孩子感受到你的與眾不同，他才會去正視。

存在即有意義。身為父母，我們要尊重孩子的性格，而不是想方設法讓孩子的性格朝著自己期望的方向發展。但不管孩子的性格如何，我們都要告訴孩子，人不是孤島，雖然不用刻意改變自己，但是必須要適應社會環境，這樣才能健康快樂地成長。

尊重孩子的個性，才能看到真正的他

有一位媽媽，每晚都會說睡前故事給孩子聽。這一天，她為孩子講《灰姑娘》的故事，孩子聽得很認真。講完之後，媽媽問孩子：「如果灰姑娘在12點之前沒有跳上南瓜車，她會怎麼樣呢？」

孩子想了想說：「那她可就慘了，被她後母發現了，以後就一定不讓她去舞會了，她也就不能遇到王子了。」

媽媽說：「是的。所以我們要記住，做什麼事情都要守時。」然後媽媽又問孩子，「如果灰姑娘一開始因為後母的阻攔

Chapter1　每個孩子都是獨特的花朵，尊重個性、欣賞差異

而打消去舞會的念頭，她還會遇到王子嗎？」

「當然不會。」孩子果斷地回答。「沒錯。這個故事說明，人任何時候都不能放棄希望。」媽媽說。

孩子歪著腦袋，突然說：「媽媽，《灰姑娘》裡面有個錯誤，當時鐘指向12點，施展在灰姑娘身上的魔法都會消失，可是水晶鞋沒有消失。」

這位媽媽非常驚訝，她很激動地說：「寶貝，你聽得可真仔細。你看，偉大的作家也會出錯，但出錯並不是什麼可怕的事情，你要是能成為作家的話，一定比他還要棒。」

在這樣一問一答的對話中，我們可以看出，媽媽的提問是在拓展孩子的思維，把道理藏於故事裡，更容易讓孩子接受。如果這位媽媽不懂得尊重孩子的個性，那麼，她這樣的教育方式是沒有效果的，甚至會產生相反的效果。

有個孩子很有創造力，時常能發明一些小東西，是大家公認的發明小高手。不過，他的成績不算好，而他的父母也認為他整天弄那些學業以外的東西沒什麼大出息，每次看見都會指責他。這個孩子在日記中寫了很多負面的話語：「看書，看書，還是看書，什麼時候我能真正和我的愛好相伴呢？」、「我太自卑了，很有壓力，一次次考試失敗使我學會了說謊，否則爸爸會打我。」

孩子不敢把自己的真實想法說出來，只好寫在日記裡。父

母天天逼著他念書，他沒有時間去弄他的發明，漸漸變得憂鬱起來。每當孩子鼓起勇氣想跟父母好好談談，他們都會用「你要好好讀書」、「爸爸媽媽是為了你好」等之類的話打消他的念頭。後來，這個孩子變得越來越不願說話，積壓的負面情緒使他變得越來越孤僻。

每一個孩子都可能成功，關鍵是父母能不能幫助孩子找到最佳的發揮位置。好的家庭環境應該是適合孩子的個性發展，而不是讓孩子收起個性。然而在華人社會，很多父母普遍抱有一種心態，就是對孩子的期望值過高。

孩子能否成功，在於他是不是選擇了適合自己做的事，也就是選擇前行的道路。只有給孩子好的定位，才能發揮出他們的最大潛能。不過，需要注意的是，尊重孩子的個性不等於放任他們的個性。

曾經在一個論壇上看到一位媽媽因為擔憂孩子而在論壇上寫下了自己的煩惱，她說：「我的孩子不知道怎麼了，他喜歡畫畫，我們買畫筆給他，他畫得到處都是，如我們的衣服上、牆壁上。每天我都得費力打掃，有時候實在氣急了，就吼他幾句，他馬上扔掉畫筆向我抗議。」

不難看出，這位媽媽十分無奈。網友們紛紛替這位媽媽出主意，最後得出的一致結論是尊重孩子的個性發展。後來，這位媽媽嘗試著去尊重孩子，但隨著孩子年齡成長，她的煩惱又

Chapter1　每個孩子都是獨特的花朵，尊重個性、欣賞差異

接踵而來，她在論壇中又寫道：「我對孩子幾乎是百依百順，他卻變本加厲。他現在不但不聽大人的話，壞習慣也多起來了：在家到處亂扔東西；帶他出去他就賴在地上不走，非要我抱；看見好玩的東西就要我們買給他。」

於是，這個論壇變成了一個討論區，討論的主題是：父母該不該「尊重」孩子的個性？「打罵教育」的時代已經過去，尊重孩子，鼓勵他們個性發展才是當今教育的主軸。不過，個性發展需要一個「寬度」，在合理的範圍內允許孩子自主發展。因此，在孩子幾個月大的時候，我們應該適當地讓孩子知道，他們的某些行為讓大人生氣了。要是讓他們完全自由發揮，不僅影響他們正常成長，還容易養成不良習慣。

現在有很多孩子都很任性，父母和孩子一起玩耍時，孩子在前面玩，父母就跟在後面收拾「殘局」，比如玩堆積木，才幾分鐘，積木就被踢得一塌糊塗，父母就幫忙再堆好，玩拼圖遊戲也是如此，面對攤開一地的拼圖，父母總是非常耐心地幫助拼湊完整。

不少父母因為工作繁忙，沒時間照顧孩子，又缺乏育兒經驗，往往會表現出對孩子過多的保護，孩子就會把大人的遷就理解為自己在做正確的事。我們雖然不能過多地限制孩子，但也不能單純地「堆笑臉」，在孩子出現危險或錯誤舉動時，我們一定要準確無誤地表示出「憤怒」，可以用眼神或者一個動作來表示，透過給孩子小挫折，幫助孩子改正缺點，讓他們健康成長。

孩子們的寶貴之處就在於他們與眾不同的個性，我們應該尊重。教育是門藝術，沒有一種通用的方法是適用於所有孩子的，只有意識到孩子的獨特性，才能因材施教，開發出孩子的潛能。

用欣賞的眼光，陪伴孩子成長

曾經有一位老教授做過一個實驗：他安排了一個任務給自己的學生，並將這些學生分成三組。他對第一組學生說了許多表揚和讚美的話，並肯定他們的能力，鼓勵這些學生盡快完成任務；對第二組學生，他惡言相向，說了很多斥責和貶低的話，並對學生的能力進行了否定；對第三組學生，他不管不問，任由他們發展。

這三組學生，哪一組率先完成了老教授安排的任務呢？

答案是受到表揚的第一組。其次完成的是受到否定與斥責的第二組，而受到忽視的第三組則一點進展都沒有。

從這個實驗中，我們不難看出，用欣賞、讚揚的目光去看待孩子，可以讓孩子增添動力，做事變得積極，而用否定的目光去看待孩子，會激發孩子的潛能，同樣能讓孩子變得積極向上。但兩者相比較，用欣賞的目光去看待孩子是最合適的，因為一味地指責和訓斥會傷害孩子幼小的心靈，在孩子的心裡留

Chapter1　每個孩子都是獨特的花朵，尊重個性、欣賞差異

下陰影。而不聞不問，則會令孩子迷惘，失去前進的動力，難以找出人生的方向。

每一位父母都該反思一下自己的行為，在與孩子相處時，是欣賞孩子居多，還是指責孩子居多呢？再思考一下，用欣賞的目光去看待孩子與用指責的目光去看待孩子又有哪些不同？毫無疑問，用欣賞的目光去看待孩子，不僅能塑造孩子樂觀向上、熱愛生活的性格，還能促進親子關係的發展；而用否定與指責的目光去看待孩子，會使孩子的性格越來越陰鬱、孤僻，對親子關係傷害極大。

想要與孩子成為無話不談的好朋友，想要讓孩子的身心健康發展，那麼就該用欣賞的目光去看待孩子。而在孩子眼中，父母的欣賞是最基本的愛。

小敏是一個內向的女孩，每次與人說話時，聲音都低得跟蚊子的嗡嗡聲一樣，說不到兩句，臉上害羞得一片通紅。起初，小敏的媽媽沒有在意，覺得孩子長大就會外向一點。哪想到，小敏上學後，變得越來越靦腆，不敢與同學們聊天、回答老師問題時總是低著頭不說話、同學與她交談時都只說幾個字。

種種現象都讓小敏媽媽擔憂不已。她覺得，孩子這樣的性格將來很難在社會上立足。只是，該怎麼幫助孩子變得性格外向、活潑開朗呢？為此，小敏的媽媽去諮詢了心理輔導老師。

輔導老師對小敏媽媽說：「孩子之所以會靦腆內向，多半是因為自卑造成的。想要讓孩子變得樂觀開朗，就要用欣賞的目光去看待孩子，不吝嗇對孩子的讚美。」

小敏媽媽聽後，不禁陷入了沉思：小敏怎麼會自卑呢？

原來，小敏的成績向來不好，每一次考試過後，媽媽都會責備她。每年過年回老家拜年時，親朋好友都會詢問小敏的成績，然後又會聊起哪家孩子的成績好。小敏聽後，會不自覺地將自己與成績好的孩子做比較。有比較就會有傷害，小敏的自卑就是由此而來。她漸漸變得不愛說話，彷彿要把自己變成一個隱形人。似乎這樣做，大家就不會再關注她，繼而詢問她的成績。

小敏媽媽找到原因，她等待機會準備誇獎孩子。

期末考試成績出來後，小敏的成績依舊在及格邊緣。在往常，小敏的媽媽一定會表現出不滿。不過這一次，她誇獎了小敏。

「小敏，媽媽從來沒有發現，妳居然寫了一手漂亮的國字。妳去參加寫字比賽，一定會獲得一個不錯的名次」、「這一次分數雖然考得不高，但跟上一次比，有了很大的進步。媽媽相信，妳下一次一定能考得更好」、「小敏，妳好厲害，這道題目超出命題範圍，妳居然答對了！」

……

Chapter1　每個孩子都是獨特的花朵，尊重個性、欣賞差異

　　小敏本來準備好接受媽媽的訓斥和指責了，哪想到媽媽不僅沒有責怪她，反而還誇獎了她！聽著媽媽的誇獎與鼓勵，她圓溜溜的大眼睛閃爍著愉悅的光芒。她更是主動地對媽媽說：「媽媽，我會再努力進步的！」

　　聽完小敏嚴肅的保證，小敏媽媽的心忽然一顫。這一刻，她才真正明白，每一個孩子都該用欣賞的目光去看待，因為欣賞可以讓孩子變得更好。此後，小敏媽媽會時不時地誇獎小敏，小敏也變得愛笑，變得樂觀開朗，變得願意與人主動交談了。

　　對孩子來說，他們的心靈都是脆弱敏感的。有些話，在成年人聽來不覺得有什麼，但孩子聽後會格外在意，繼而心裡難受。而難受的表現有不愛說話、暴躁易怒等等。尤其是這些負面的話由孩子最親近的人說出口，對他們造成的傷害與影響更大。

　　每個孩子都需要自信，而誇獎、表揚、鼓勵是增加孩子自信的催化劑，用欣賞的目光去看待孩子，是每一位父母都該掌握的事。那麼，父母該怎麼用欣賞的目光去看待孩子呢？答案是放大孩子身上的優點。

　　一位高明的父母，他會欣賞孩子身上最不起眼的優點，並且會放大這一優點，用以增強孩子的自信心。就比如著名的物理學家楊振寧，他在美國讀書時，動手能力特別差。當時，很多同學都開玩笑說：「實驗室哪裡發生爆炸，哪裡就有楊振

寧。」要知道，身為一名物理研究生，如果實驗能力差，通常意味著這個學生沒有前途。當時，一位物理大師卻看中了楊振寧的「長處」——試驗能力差，但分析能力一流。在這位物理大師的悉心培養鼓勵誇獎之下，楊振寧才取得了傑出的成就，最終獲得了諾貝爾物理學獎。

判斷一個孩子的好壞，並不取決於一個或幾個方面。只要父母用欣賞的目光去看待孩子，就會發現每一個孩子都有他的長處和優點。從此刻起，不要吝嗇自己對孩子的讚美與誇獎，讓孩子清清楚楚地明白，他也是一個優秀的孩子。只有意識到自己的優秀，孩子才會變得更加優秀。

每一次挫折，都是成長的養分

經常在海上航行的人會懂得，看似晴空萬里、風平浪靜的海上，也會突然間烏雲密布、波濤洶湧，遭遇大風大浪的襲擊；見識過化繭成蝶的人會明白，為了變成蝴蝶破繭而出，小小的蝶蛹歷經了無數次的創傷與失敗，才有了那一刻的自由飛翔。

人生又何嘗不是如此。人生的旅途從來都不是平坦而筆直的康莊大道，總會面臨各式各樣的創傷與磨難。倘若能把每一次的創傷都看作是一種成長，當作一種經歷來對待，那麼，所

Chapter1　每個孩子都是獨特的花朵，尊重個性、欣賞差異

經歷的人生將是何等輝煌。

但生活中，很多父母由於心疼孩子，總是忍不住想盡一切辦法幫孩子規避生活的創傷，殊不知，這樣只會適得其反，導致孩子在之後的人生中面臨生活的創傷與失敗時，不能正確面對並失去笑對生活的勇氣與信心。創傷與失敗，其實都是人們所要經歷的世間百態，都是人生的歷練與成長，都代表著一個人勇往直前的決心與勇氣。孩子也只有經歷了世間百態，嘗盡了生活的冷暖，才會由此而茁壯起來，成長為一個堅強、樂觀、自信、勇敢的人。

提起迪士尼相信很多人都不會感到陌生吧！單單上海迪士尼開園的這幾年來，每年的客流量就高達 1,000 萬人次。那麼，有多少人知道這個童話王國是怎麼建立起來的呢？

迪士尼的創始人華特·迪士尼（Walter Elias）年輕時的夢想是當一名行為藝術家，有一天他帶著自己的作品到當地的一家報社去應徵。

可是在面試過程中，報社主編卻以迪士尼的作品「沒有思想、缺乏創意」為由果斷地拒絕了他。這次拒絕令信心滿滿的迪士尼深受打擊，他萬分沮喪甚至心灰意冷。此時，他的身上已經沒有多餘的錢來支撐他的生活了，如果再找不到工作他將要流落街頭了。

不久後，迪士尼找到了一個臨時替學校教學作畫的工作，

只是報酬少得可憐，僅夠勉強度日維持日常簡單的開銷。但生活的創傷並沒有將迪士尼打垮，他借用學校廢棄的倉庫當作辦公室，仍然辛勤地工作著。在這種艱難的創作條件下，迪士尼時刻都不忘自己的夢想，他廢寢忘食地把所有的空餘時間都用在了繪畫上。

後來，偶然的一個機會，迪士尼去好萊塢參與一部卡通片的攝製與創作，但是很不幸，等待他的結果依然是失敗。他又一次變得一無所有，沒錢、沒工作，過著吃了上頓愁下頓的日子。但窮困潦倒並沒有讓他放棄人生的希望，他依然堅持著自己的創作。

終於，皇天不負苦心人。在歷經了生活的多次創傷後，迪士尼終於迎來了屬於自己的春天。他用自己創作的一幅米老鼠的卡通畫，得到了好萊塢一位導演的賞識，並由此被錄用。從此以後，米老鼠便成為世界上家喻戶曉的卡通動物的代表，而迪士尼也由此開啟了自己輝煌的事業之路。

縱觀古今中外，又有哪位歷史名人不是歷經了生活的創傷與失敗後，才逐漸取得成功的呢？創傷與失敗可以說是人生必經的一個過程，每一種創傷都是一種成長。在前行的道路上，它能更好地幫助孩子感知這個世界的美好與世間的生活百態。所以，父母在孩子的成長過程中，不要貿然插手，更不要過度干涉孩子的行為舉止，而應該勇敢放手讓孩子在人生的創傷中

Chapter1　每個孩子都是獨特的花朵，尊重個性、欣賞差異

歷經磨難與失敗，披荊斬棘勇敢前行。

父母在必要的時候要學會放手。哪怕孩子會歷經創傷與失敗，父母也要勇敢地學會放手，避免過度干涉或代勞，導致孩子的依賴心理。同時，父母要學會控制自己的擔心與焦慮情緒，以免影響孩子對事物的判斷能力或主觀意識。

父母也可以用成功案例激勵孩子。成功的名人案例對孩子的影響是巨大的，所以父母在日常的生活中，不妨多引用一些名人事蹟來激勵孩子。而孩子受此長期影響，內心也會變得更加堅強與勇敢，擁有面對創傷的勇氣與正確的處世態度。

此外，父母要教會孩子正確認知現狀。每個人的生活都不是一帆風順的，父母應該教會孩子正確地了解生活的環境現狀與即將遭遇到的各種創傷與失敗，讓孩子隨時做好面臨磨難的準備。如果父母能教會孩子充分意識到這些的話，那麼日後當孩子面臨困難時，心態也會更加平穩與淡定。

誠然，父母都是愛孩子的，每個孩子從生下來就無時無刻不被父母的愛所包圍著。但是，當我們怕孩子吃苦，怕孩子歷經創傷，而給予孩子無微不至的照顧時，可曾想過，當孩子長大的那一天，他又該如何撐起自己的生活呢？孩子的成長過程中，他所歷經的每一種創傷，其實都是他生活中的一種成長。「不經歷風雨，怎能見彩虹」，父母應該深刻認知到這一點，在孩子的成長之路上勇敢地放手。

適度的「縱容」讓孩子擁有更多可能

大多數人總是有這樣一個思維定式，認為父母對孩子的縱容，會讓孩子變得任性、霸道、我行我素。誠然，這樣的想法有一定的道理，但是卻不盡然。很多時候，孩子的健康成長同樣需要父母的合理「縱容」。

「不准拆玩具」、「男子漢不准哭」、「不能玩泥巴」……諸如此類「不准」和「不能」的規範可謂數不勝數，這些都是父母在教育孩子的過程中，管理孩子的慣用方式。父母們總是樂此不疲地向孩子灌輸著各種過分的規定和要求，就是希望孩子能健康成長。無規矩不成方圓，父母有這樣的想法和做法無可厚非，但是對孩子的約束應該掌握一個「分寸」。有些時候，在特殊的情況下，父母應該放寬這些規範，給孩子一些合理的「縱容」，讓孩子能有更大的空間和更多的自由。

「人非聖賢，孰能無過」，更何況是孩子。孩子只有在犯錯中總結教訓才能成長。如果不給孩子犯錯的機會，孩子如何能明事理、辨對錯呢？當孩子犯錯時，如果父母不能正確地看待，而是盲目地指責孩子，只會讓孩子變得膽小軟弱，失去本該有的天真爛漫和靈性。

隨著時代的發展和日益激烈的社會競爭，現在的孩子總是面臨著沉重的課業壓力，他們在壓抑的學習環境中，變得焦

Chapter1　每個孩子都是獨特的花朵，尊重個性、欣賞差異

慮、緊張。被壓得喘不過氣的孩子需要釋放壓力，於是他們總是喜歡在做作業時，出來倒杯水緩解一下緊張的大腦；他們總是喜歡在鬧鐘響過後，繼續在床上多待幾分鐘……

其實，孩子的每一個自我「放縱」的行為都有自己的目的和意圖，對父母而言，這些「放縱」背後的真實原因是不為所知的。因此，父母不能武斷地認為孩子的行為欠妥而嚴厲制止，而是應該適度地放任孩子的這些「放縱」行為，讓孩子將這些行為「放縱」到底，這樣既能更好地了解孩子的想法和最終目的，也能讓孩子對父母有所信任，從而建立良好的親子關係。

涵涵從小就是個「破壞大王」，總是喜歡拆各種玩具，家裡的客廳、臥室、書房隨處可見涵涵拆掉的玩具小零件，有時甚至還會把電視遙控器也拆得七零八散。

有一次涵涵把爸爸在國外出差時買回來送給他的遙控警車玩具「解剖」了，爸爸看到後並沒有指責或生氣，反而表揚涵涵：「你真厲害，這麼複雜的遙控玩具你都能拆開！」

聽到表揚後的涵涵露出了得意的笑。隨後爸爸便趁機為涵涵講解了一下這個遙控警車的構造，以及槓桿原理和各個工具的作用，然後爸爸指導涵涵成功地將遙控警車組裝起來，並且完好無損，功能也沒有受到任何影響。

整個過程中，涵涵都聽得非常認真，爸爸看到組裝成功後

適度的「縱容」讓孩子擁有更多可能

興奮的涵涵，伸出大拇指說道：「兒子你真聰明，都能自己組裝遙控汽車了，太棒了！」

從此以後，涵涵更是把「破壞大王」的名號發揮得淋漓盡致，但和以前不同的是，他每次拆完東西後，都會努力地將它恢復原樣，一旦確認能正常使用，就會跑到爸爸面前「邀功」，得到爸爸的讚揚；即使沒能恢復原樣，不能正常使用，涵涵也會向爸爸求助，在爸爸的幫助下「修好」。有時也會有拆開後完全壞掉的東西，但是涵涵的爸爸從來都沒有因此責罵過他。

在爸爸的「放縱」下，涵涵在國中時就參加了 FRC 全球機器人比賽。

是想做像涵涵爸爸這樣，給孩子一些合理「放縱」，激發孩子潛能的父母，還是想繼續做一名替孩子設定規範，不許孩子搞破壞的父母？答案很明顯。很多時候，孩子之所以破壞，是受好奇心和探索欲的驅使，他們想弄明白為什麼小汽車會跑，為什麼小飛機會飛，為什麼湯姆貓會學別人說話……這樣的行為是值得父母「放縱」的，因為這是孩子發展思維和培養動手能力的動力。

孩子的偶爾「放縱」，會讓孩子得到經驗、學會思考，從無知變為有知，從愚昧變得聰明，從幼稚發展為成熟。犯錯是孩子成長的必經之路。冰心曾說：「淘氣的男孩是好的，調皮的女孩是巧的。」孩子的淘氣和犯錯需要父母的合理「放縱」，

Chapter1　每個孩子都是獨特的花朵，尊重個性、欣賞差異

這才是孩子發展思維和獨立創造的泉源，是孩子智慧發展的動力。父母只有善於引導，給孩子合理的「放縱」，他們才可能成為優秀的人。

孩子需要的是陽光、空氣、水分，而不是溫室，更不是成人的捆綁。所以，當孩子在拆高價買的新玩具、在泥巴坑裡玩泥巴、在草叢中挖蚯蚓時，請不要怒不可遏，更不要阻止他們。此時身為父母，要做的僅僅是在一旁默默地看著孩子享受那份自由和快樂的時光，不要擔心孩子會把玩具弄壞、把衣服弄髒，因為父母的一點點小「放縱」，會讓他們在探索世界的冒險中學會思考，這才是他們成長之路上不可或缺的財富。

不做孩子的「參天大樹」，做他的陽光和雨露

大自然有一種神奇的現象：在陽光下自由成長的小樹，能夠承受猛烈的風吹雨打，最後長成一棵茂盛的參天大樹；而在參天大樹下成長的小樹，雖然不用經受風吹雨打，但怎麼也長不成一棵大樹。

對孩子來說，他們的成長過程也如大樹的成長過程一樣，一味地庇護孩子，為孩子遮風擋雨，永遠不能讓孩子成長，或是稍經風雨，就會承受不住。只有給孩子足夠的成長空間，經歷他每個階段必須要經歷的，他才會從一棵脆弱的小樹苗成長

為一棵參天大樹。

寬寬是一名九歲的小男孩，成績一直名列前茅。因為他將自己的學習時間規劃得非常好，以至於寬寬的媽媽從來沒有擔心兒子的成績。可是最近，寬寬媽媽有了擔憂與煩惱，那就是寬寬迷上了電腦。

從前，媽媽為了防止寬寬迷上電子產品，就沒有買電腦，平常工作如果需要電腦的話，就去公司使用。可最近，寬寬爸爸的工作太多了，經常在公司加班到一兩點鐘，飲食也非常不規律。別無他法，寬寬媽媽購置了一臺新電腦，方便寬寬爸爸在家工作。

寬寬平常很少接觸電腦，家裡多了一臺電腦後，他就像發現了新大陸一般，一有時間就用在玩電腦上。有時候，他還會神祕兮兮地將書房的門關上。有一回，寬寬媽媽故意去書房送水果給寬寬吃，她發現寬寬在玩社群軟體，與網路上的好友聊得不亦樂乎。

這讓寬寬媽媽更擔心了，不禁對寬寬爸爸提議：「我看你還是繼續回公司加班吧！你看，孩子完全被電腦迷住了。」說完，又嘆了口氣說，「現在很多孩子沉迷網路，寬寬似乎正在往網路成癮方向發展。」

寬寬爸爸聽後，哭笑不得，他勸慰說：「不就是玩了一下電腦嗎？怎麼就往網路成癮方向發展了？」

Chapter1　每個孩子都是獨特的花朵，尊重個性、欣賞差異

　　寬寬媽媽皺著眉頭說：「就算還沒有成癮，但現在網路中那麼多誘惑，壞人那麼多，孩子說不定就被帶壞了。前兩天我還看到兒子在網路上聊天，還開語音呢！」

　　寬寬爸爸見寬寬媽媽實在擔心，就主動提出要打探一下孩子用電腦在做些什麼。就在當天晚上，寬寬爸爸見寬寬又在玩電腦，便走進了書房。他笑著對寬寬說：「兒子，你老爸用電腦工作這麼多年，至今還不知道怎麼用社群軟體加好友，你能教教我嗎？」

　　寬寬不禁好奇地問：「爸爸也想上網聊天嗎？」

　　寬寬爸爸說：「是的。現在是網路時代，不出門就能廣交天下好友，我也想在網上交一些朋友。」

　　寬寬聽後，人小鬼大地說：「爸爸，交朋友可以，但你要知道網路裡有好人也有壞人，而那些壞人會偽裝成好人，就算你有火眼金睛，也很難辨別出來。」

　　「那你與網路好友聊天，可以辨別出對方是好人還是壞人嗎？」寬寬爸爸感興趣地問。

　　「我辨別不出來，所以我沒有加網友。我只加了一個英語學習的群組，這個群組裡的好友會聊一些學習英語的方法和技巧。經過一段時間的交流，我覺得英語程度提高了很多。」寬寬說。

　　這下子，寬寬的爸爸媽媽弄清楚了寬寬每天用電腦都做些

什麼了,而寬寬媽媽的擔憂也隨著寬寬下一次的考試成績而消失了。因為寬寬進步了很多,尤其是英語,居然考了滿分。

不可否認,網路中有太多的誘惑,匿藏了很多壞人,但現在是網路時代,一味地不讓孩子接觸電腦或其他電子產品,只會讓孩子跟不上時代的發展。再者,不只是網路,現實生活中也存在著許多不安定的因素。現在將孩子保護得密不透風,以後孩子怎麼在社會上立足呢?只有讓孩子正面面對,他才會知道好與壞,即使吃虧了,也能汲取到教訓,總結出經驗。

有一則非常有趣的小故事,說的是有個人想在井裡提一桶水。水桶太滿太重,拉上來一點,又掉下去一點,如此反反覆覆。這人精疲力竭,但又不想放手,便無奈地對水桶說:「桶子啊桶子,你為什麼不肯上來呢?」水桶說:「我太重了,怎麼能上得去?」這人委屈地說:「我就是想讓你快點上來啊!」水桶也很委屈地說:「我裝了這麼多水,晃晃蕩蕩的太不穩了,怎麼能怪我呢?」這人想了想,發現水桶說得很有道理,於是他倒掉了水桶中一半的水。這一次,他很輕鬆地拉上來了。這樣,人不累,水桶也因為減輕了負擔而高興。

其實,我們的孩子就像這則小故事中的水桶,平時對孩子的限制與掌控就像是水桶裡的水。如果讓孩子盛太多的「水」,不僅孩子會累,我們也會累。教育孩子就像放風箏,線越長,風箏才會放得越高;線越短,風箏飛得就越低。然而,高處的

Chapter1　每個孩子都是獨特的花朵，尊重個性、欣賞差異

風往往比低處大，放得越高才越不容易掉下來。

可見，經常將孩子護在我們的羽翼下，並不是對孩子的保護，而是在他們的身上安了一顆定時炸彈，稍微遇到一些挫折，這顆炸彈就會爆炸，讓孩子遍體鱗傷。反過來，父母給予孩子足夠的成長空間，讓孩子獨自面對大大小小的困難，那麼以後遇上大困難，才會有更大的勇氣去面對，用以往解決小困難的經驗去解決大困難。此外，給予孩子足夠的空間，不僅能使孩子的心態積極向上，還能開闊孩子的眼界。

成年人尚且需要屬於自己的空間，生性無拘無束的孩子更需要屬於自己的小天地。身為父母，我們應該尊重孩子、信任孩子，給予孩子足夠的成長空間，不做他們依賴的大樹。

開明父母，讓孩子找到自己的節奏

「媽媽，妳居然偷看我的日記！妳就是一個小偷！」

這一天，兜兜家爆發了一場「世紀大戰」，原因是兜兜的媽媽偷看了兜兜的日記。

兜兜讀小學四年級，前幾天，班上轉來了一位同學。這位轉學生是個小女孩，不僅可愛，而且還多才多藝，班上的同學全都喜歡她，調皮搗蛋的兜兜也不例外，他也非常想和新同學做朋友。那天，兜兜回到家後，就將新同學的事，以及想和新

同學做朋友的想法寫進了日記本裡。

隔天吃晚飯時，媽媽突然問起了兜兜新同學的事。兜兜很疑惑，媽媽怎麼知道班上轉來了新同學？他記得沒有告訴過媽媽。於是，兜兜就質問媽媽是不是翻看了他的日記本。但兜兜媽媽否認了，說是從家長聊天群組裡得知的消息。

因為沒有證據，兜兜便沒再說什麼，只是在他的心裡埋下了一顆懷疑的種子。所以，此後每一次寫完日記，他都會在日記本中夾上一張紙條，紙條上寫著：「媽媽，我在日記本中夾了一根頭髮。如果頭髮不見了，就證明妳偷看了我的日記。」事實上，兜兜根本就沒有在日記本中放頭髮，目的就是為了試探他的媽媽。

就在今天，兜兜突然發現自己的日記本中多了一根頭髮。這讓兜兜知道，媽媽看了他的日記，才有了之前的一場「世紀大戰」。

說起兜兜的媽媽，她對兜兜的掌控欲很強，很想知道孩子在學校發生的每一件事，所以她常常偷偷地看兜兜的日記。今天，她趁孩子出去玩時，又把孩子的日記本翻了出來。看到日記本中夾著的紙條後，翻了好長時間日記本都沒有發現頭髮。她就想，可能是她不小心將頭髮弄丟了，便拔了自己的一根頭髮放在了日記本裡。

聽到兜兜的質問後，兜兜媽媽本能地抵賴，她說：「兜兜，

Chapter1　每個孩子都是獨特的花朵，尊重個性、欣賞差異

媽媽沒有看你的日記，你看，你日記本中的頭髮還在。」

「我根本就沒有放頭髮在日記本裡，我是故意那麼說的。現在日記本裡多了一根頭髮，就證明妳偷看了我的日記。媽媽，妳真討厭，我不再喜歡妳了。」兜兜說完，哭著跑回了房間。

兜兜媽媽聽完兜兜的控訴後，心裡難受極了。等兜兜爸爸回來後，兜兜媽媽失魂落魄地告訴了他今天發生的事。

兜兜爸爸公正地說：「這一次，我要站在兜兜這邊。先不說偷看日記本來就是一種不好的行為，再者，妳這樣做其實也是對兜兜的不信任、不尊重。我們身為父母，關心孩子、了解孩子無可厚非，但也要明白，孩子是一個獨立的個體，他們需要隱私與自由。如果想了解孩子的情況，可以直接去問，而不是偷看他的日記。」

「那現在該怎麼辦呢？」兜兜媽媽知道錯了，很後悔偷看孩子日記的行為。兜兜爸爸說：「當然是向兜兜道歉，並保證以後不再看他的日記了呀！」就這樣，兜兜媽媽向兜兜道歉，並很嚴肅地保證以後尊重兜兜的隱私。兜兜看媽媽的道歉非常真誠，最後選擇了原諒。這一場「世紀大戰」，也畫上了一個圓滿的句號。

在現實生活中，一定不缺乏如兜兜媽媽一樣的父母，為了了解孩子在學校發生的事，選擇偷看孩子的日記，或是得知孩

子對異性同學很在意，就去干涉、制止，剝奪孩子交友的權利。殊不知，這樣步步緊逼的行為就像一根無形的繩索，狠狠地勒在孩子的脖子上，讓孩子難以呼吸。而孩子在窒息之際，他們會本能地去反抗，去斬斷脖子上的繩索。這也意味著，孩子與父母之間矛盾的爆發。觀察我們身邊的每一對父母，那些與孩子相處融洽、親子關係極好的父母，都是非常開明的父母，他們給予了孩子足夠成長的空間，從不去規劃或掌控孩子，讓孩子自由自在去成長；而那些與孩子相處有隔閡、親子關係淡漠的父母，都是頑固、守舊、激進的父母，他們會根據自己的經歷，規劃好孩子往後要走的每一步，甚至掌控孩子的每一件事，讓孩子在他們規劃出的一番天地裡成長，呼吸著讓人窒息的空氣。

父母是孩子最想親近的人，當孩子的思想不被外人認可，他們不會傷心難過，但不被父母所認可，卻會傷心，那是因為孩子將父母放在了心上。身為父母，我們最大的職責是讓孩子開心快樂地成長，要給予孩子自由呼吸的權利。因此，我們應該學會做開明的父母。

那麼，父母如何做才算開明呢？答案是讓孩子自己支配他們的童年時光，將孩子放置在野外，讓他們自由成長。也就是說，當孩子跌倒了，我們不要立刻去扶他們，而是要在一旁鼓勵他們站起來；當孩子遇到困難，不是對孩子伸出援助之手，而是鼓勵孩子拿出面對困難的勇氣，引導孩子思考出解決困難

Chapter1　每個孩子都是獨特的花朵，尊重個性、欣賞差異

的方法；當孩子心裡有煩惱了，不是強迫孩子說出來，而是要耐心等待孩子主動對我們說；當孩子有了小祕密，要選擇尊重孩子的祕密，而不是想方設法套出孩子的祕密。每一個孩子的性格發展、能力發展與他所處的環境息息相關，父母只有為孩子提供一個輕鬆快樂的環境，孩子才能自由、全面地發展。而能提供這樣的環境的前提是，父母要開明。

Chapter2
放手才是愛，
給孩子自由成長的空間

　　愛孩子是父母的天性。但如果僅憑本能去愛，百依百順或有求必應，那麼有一天你會發現孩子那麼脆弱，那麼驕縱，那麼叛逆，最終會變得難以適應環境……

　　溫室裡長不出參天大樹，成長的本質是孩子的自我成長，這是父母漸漸放手的過程。所謂放養就是把手放開，相信孩子，也相信自己。

Chapter2　放手才是愛，給孩子自由成長的空間

別把孩子當成易碎品，他比你想的更強大

在某一片戈壁灘上，生長著兩棵小樹。

一棵樹被主人照顧得十分精細，主人經常替它澆水、鬆土、施肥。為了更好地保護這棵樹，主人還在旁邊搭建了一個小亭子。而另一棵樹卻沒那麼幸運，主人只是隔三岔五地才想起來替它澆水、鬆土、施肥，並任其被風吹日晒。看起來，兩棵樹都長得還不錯，鬱鬱蔥蔥、枝繁葉茂。

一天夜裡，忽然狂風大作，整片戈壁灘都被大風席捲了，直到第二天風才停。這時候，兩棵樹的主人都來看他們栽的小樹。讓他們驚訝的是，兩棵樹居然有了非常明顯的差別：被精心照顧的小樹被大風連根拔起倒在地上，而另一棵小樹則依然挺拔地豎立在戈壁灘上，只是被風颳斷了幾根小樹枝。

看了這個故事，或許身為父母的你有些困惑：為什麼同樣枝繁葉茂的樹會有如此的不同呢？為什麼悉心照顧的樹木會更容易被摧折呢？

這是因為，被照顧得細緻入微的小樹，不用費什麼力氣就得到了水分和肥料，根就不會向深處扎。而那棵被照顧得「不那麼好」的小樹，為了生存下去，就只好把根扎得更牢固、更穩當，只有這樣，它才能得到足夠的水分和養分。這個道理，是不是也適合父母們對孩子的養育呢？

別把孩子當成易碎品，他比你想的更強大

面對一個幼小的生命，從呱呱墜地到蹣跚學步，再到歡蹦亂跳以至自己上下學，身為父母，看著一天天長大的孩子，萬千欣喜縈繞心頭。帶著這份欣喜，我們愛孩子的心也更加「膨脹」起來，對孩子無微不至地照顧，冬天怕凍著，夏天怕晒著，凡事能不讓孩子動手就不動手，一切事情都攬在身上……

每個父母都是愛孩子的，然而這些父母不清楚，如此對待孩子已經遠遠超出了正常的愛的範疇，屬於溺愛了，這種養育方式只會讓孩子失去自己獨立做事的機會，各方面的能力得不到鍛鍊，是扼殺孩子生存本領的罪魁禍首。這就如同一棵永遠也長不大的嫩苗，經不起風雨，經不住考驗，更談不上成才和成功。

糰子是全家人的寶貝，從小茶來伸手、飯來張口，在媽媽營造的「蜜罐」裡長大。糰子的衣服髒了，本來自己可以洗，而媽媽卻趕緊制止，並馬上幫著洗乾淨。就連糰子吃個蘋果，媽媽都要事先削好果皮，切成小塊放在盤子裡……看到媽媽每天忙前忙後，有時糰子也想幫幫忙，這時媽媽又會說：「你的任務就是好好讀書，這些小事情，還是媽媽來做吧！」在媽媽無微不至的照顧下，糰子過得非常開心。可是升上小學後第一天，糰子卻哭鬧著要休學，這是怎麼回事呢？

原來，糰子上的是當地一所最好的小學，學校要求全部學生都要住校，糰子自然也是其中一員。在學校寄宿，每天早上疊被子、穿衣服都是最基本的要求，但是糰子在家除了讀書什

Chapter2　放手才是愛，給孩子自由成長的空間

麼事情都不做。沒有了家人的照顧，糰子一下子不知道該怎麼辦，被子疊得亂七八糟，衣服的釦子也扣錯了。同學們一看，笑著說：「哈哈，糰子是個除了讀書什麼都不會的智障，就是一個學習機器。」

面對同學們的嘲笑，糰子又氣憤又羞愧，一直哭鬧不止。老師及時通知了家長，媽媽急忙趕到學校，她也是第一次看到糰子的衣服穿得亂七八糟，嘴上一邊數落著，一邊伸手想幫糰子扣釦子，可是糰子卻突然後退，對媽媽說：「都怪妳，我什麼都不會做。是妳害了我，害我被同學們嘲笑⋯⋯」

聽到糰子的話，媽媽愣在那裡⋯⋯

看完這個故事，再對照一下過度保護孩子的父母們，我們會發現，為孩子做得越多，對孩子越不放手，孩子越不領情，也越讓你操心。

這是因為，隨著孩子的逐漸長大，他們的自我意識有所增強，就會渴望擺脫大人的擺布和干涉，並且希望像大人那樣承擔一定的義務，自己的事情自己做，成為一個自信而有力量的獨立自主的人。這個時期，如果對孩子過於溺愛，什麼事都替他做，反而會造成孩子的依賴性和叛逆性。

那麼，什麼是給孩子最好的養育？

義大利著名兒童教育家蒙特梭利（Maria Tecla Artemisia Montessori）曾說過：「教育，首先要引導兒童沿著獨立的道路

前進。」渴望「獨立」是人的天性，更是孩子成長的目的之一，也是成長的必要條件。所以，身為父母，在養育孩子的過程中，不要壓抑孩子獨立性活動意向，更不必把孩子當成易碎的「玻璃」和易化的「糖」而小心翼翼地捧著，而應該讓他們做一些力所能及的事，培養他們的獨立自主性。

學會放手，鼓勵孩子「自己來」

一位西方教育家說過這樣一句話：「凡是兒童自己能做的應該讓他自己做。」培養孩子獨立自主性的要訣之一，是放手讓他們自己動手，根據年齡適當獨立打理自己的生活，如上幼兒園時自己刷牙、穿衣服、繫鞋帶等；二、三年級開始學做飯、整理自己的房間、洗衣服等。放開孩子的手，替孩子創造自己照顧自己的機會，形成一種「自己的事自己做，大人的事幫著做，不會的事學著做」的意識。透過實踐，孩子也能夠提高能力，累積經驗，同時也累積自信。

賦予信任，相信孩子能做好

很多父母雖然放手了，但仍舊不放心，這樣孩子也無法真正地相信自己，還是會依賴父母。所以當真正放手時，不要用懷疑的眼光看孩子，真的相信他，嘗試利用短語來鼓勵孩子，類似「你可以自己做到！」、「我相信，你一定不會讓我失望」，來自父母的信任定能讓孩子放開手腳去做事，逐漸脫離父母。

Chapter2　放手才是愛，給孩子自由成長的空間

比如，如果孩子要去洗碗，那麼不要擔心他洗不乾淨，或者弄溼衣袖，只需要在一旁觀察，給予鼓勵並加以指導，讓他自己練習就可以了。

每個人都是獨立的生命個體，鬆開保護孩子的臂膀，讓孩子用自己的腳去走路，用自己的翅膀去飛翔……你會發現，孩子實際上並沒有我們想像得那麼脆弱，他們會自然而然地成為獨立、頑強、負責任的好孩子。那時，孩子肯定不是易碎的玻璃和易化的糖，而是一塊歷經磨鍊的「頑石」。

父母的「示弱」，是孩子成長的契機

人們常說「虎父無犬子」，可在生活中「虎父」卻多「犬子」。在孩子眼中，父母越強大，越無所不能，他們對父母的依賴也就越強烈。這是因為，正是父母的強大，讓孩子覺得自己什麼也不用做，父母自然就會幫助自己解決，覺得自己非常渺小，做什麼也沒有父母做得好。慢慢地，在強大的父母面前，孩子就越來越無能，越來越「渺小」了。

而懂得適當地向孩子示弱，給孩子一定的自主權，激發孩子的動手能力、嘗試能力，反而可減弱孩子對父母的依賴，成就他的「強大」、自信和勇氣。這，才是父母對孩子真正的愛，才是身為家長的智慧之愛。

父母的「示弱」,是孩子成長的契機

有一個受到許多父母喜愛的親子互動綜藝節目,其中一對母子的互動很令人深思。很多媽媽在看節目的時候,都會羨慕地說:「霍媽媽被小亨寵成了小公主,真是讓人羨慕嫉妒恨啊!」、「霍媽媽真是上輩子拯救了銀河系,才擁有了寵媽狂魔小亨大王,才能這樣被兒子捧在手心!」

沒錯,別看小亨只有五歲,可是十足一個小男子漢的樣子,勇敢、堅強,時刻把媽媽呵護在手心。雖然他時而有些任性、霸道,但是卻懂得愛媽媽、關心媽媽,隨時隨地都向媽媽表達自己的愛意。而這完全取決於霍媽媽的日常教育。在家裡,霍媽媽和小亨就像很好的朋友,平等而又自由;母子兩人親密無間,會一起玩遊戲,會分享開心或者難過的事情。最重要的是,霍媽媽與其他媽媽完全不一樣,她在孩子面前不是「超人」,而是一個「嬌弱」的「女孩子」,時常向小亨示弱,向小亨撒嬌。

在接受採訪的時候,霍媽媽也非常大方地透露了自己的「育兒心得」:「我時常故意在兒子面前撒撒嬌、示弱一下,遇到問題的時候就說『哎呀,這個我不行,你需要幫助媽媽』、『啊,這個我不敢!』然後,他就會像個小男子漢一樣,幫助我,保護我!」

事實確實也是如此,看看那些暖心的畫面吧!

霍媽媽不敢玩溜滑梯,小亨就勇敢地帶著她玩,教她閉上

043

Chapter2　放手才是愛，給孩子自由成長的空間

眼睛，勇敢一些；攀岩的時候，霍媽媽害怕得大叫，小亨就鼓勵她，告訴她「堅持就是勝利」；有危險的時候，小亨害怕媽媽會受傷，便叮囑媽媽：「妳不能把腳放在那裡，妳會受傷的！」然後再小心翼翼地教媽媽如何做。

在媽媽累的時候，他會親自幫媽媽洗腳，心疼媽媽的腳被磨破了；當媽媽想要摸摸他的時候，他會主動地把小臉湊過去，享受媽媽溫柔的愛。

在節目的最開始，節目組給小亨的任務是把媽媽打造成超人的形象，而小亨卻非常認真地說：「我不想讓媽媽當超人，因為那樣會非常辛苦。」

當霍媽媽問他「你覺得媽媽應該穿什麼」的時候，這個小勇士回答說：「漂亮裙子、項鍊、耳環、像公主那樣的皇冠。」

凡是身為父母的人都想成為最強大的人，好保護和照顧自己的孩子。而無數媽媽也把「女本柔弱，為母則剛」這句話當作了箴言，自願地或是被周圍人逼成了「超人」，讓孩子覺得沒有媽媽搞不定的事情。

可霍媽媽這個「不合格」、「沒有獲得滿分」的媽媽，卻在與孩子的相處中收穫了更多的愛和甜蜜，讓孩子變得更加勇敢，有自信，有責任心，且內心更強大。這種該「示弱」就「示弱」的獨特教育方式，讓孩子知道媽媽也有脆弱的時候，也需要小小的他來關心和照顧。這樣一來，孩子的內心就不會只有

自己,從而變得越來越任性自私;讓孩子知道媽媽是愛他的,而他也要愛媽媽,不要讓媽媽太操心,要心疼媽媽;讓孩子學會自立自強,幫助媽媽做一些力所能及的事情;讓孩子學會勇敢和責任,隨時做一個合格稱職的小男子漢,保護自己的媽媽。

霍媽媽是聰明的,因為她懂得這樣的道理——雖然我是孩子的媽媽,卻不能沒有限度地對小亨表達自己的愛意,否則孩子永遠也長不大。只有自己在恰當的時候懂得向孩子「示弱」,孩子才會逐漸強大。

相比之下,身邊很多父母卻並沒有這樣的智慧,他們恨不得每天跟在孩子後面,為孩子包辦所有的事情,幫助孩子解決所有的問題。於是,在孩子眼中,爸爸媽媽是非常強大的,彷彿超人一樣可以幫助自己解決所有問題。

這些孩子從來就沒有感受到父母的付出有多不容易,更覺得父母是不需要心疼的,甚至還會對父母的付出產生排斥、對抗和嫌棄的情緒。一位媽媽就是如此,她自己染上了嚴重的流行感冒,可為了照顧孩子,還要強撐著替孩子做飯、送孩子上學。結果呢?孩子一邊吃著媽媽做的早餐,一邊卻埋怨媽媽煎的雞蛋糊了,豆漿沒有加糖。

有的孩子則是因為父母太強勢了,什麼都幫自己做,結果導致自己什麼都不會,並且越來越缺乏責任感。而對孩子過

Chapter2　放手才是愛，給孩子自由成長的空間

度照顧和保護，只會讓孩子變得軟弱無能，失去自由成長的空間。

著名家庭問題專家史蒂夫・畢杜爾夫（Stephen Biddulph）在《養育男孩》（*Raising Boys*）這本書中就指出，6～13歲是男孩嘗試成為男人的時期，父母越是懂得示弱，男孩獲得鍛鍊的機會就越多，能力就越強。當然，我們知道，這並不僅僅局限於男孩。

所以，父母們就算再堅強、再能幹，也不能在孩子面前當超人，而是應該適當地示弱，給孩子一個機會。

鼓勵孩子用努力換取零用錢

在孩子七八歲之前，父母是很少給孩子零用錢的，但是卻會盡量滿足孩子的要求──孩子想要買什麼，父母就毫不猶豫地買給孩子。等到孩子稍微大一些的時候，父母就開始嘗試給孩子零用錢，讓他們可以自由地買自己需要的東西。

而很多父母生怕孩子受了委屈，便無節制地給孩子零用錢。即便是很多並不富裕的家庭，也絕不會在孩子的零用錢上有所吝嗇。結果，在這種情況下，很多孩子對於金錢沒有任何概念，只知道向父母要錢，甚至養成了一擲千金、揮霍無度的壞習慣。

鼓勵孩子用努力換取零用錢

明明家是做生意的,爸爸開了一間不小的公司,所以在錢這方面父母從來沒有虧待過明明。從小到大,明明都是用最好的、吃最好的、玩最好的,只要他開了口,父母不管花多少錢都會滿足他。

可在明明十三歲那年,爸爸生意失敗了,公司面臨著倒閉的危機,家裡的經濟也開始變得拮据起來。他們從之前的別墅區搬到了普通住宅區,衣食住行的開支也開始有了很大的縮減,就連爸爸平時開的車也換成了普通車。

然而,花錢大手大腳慣了的明明卻根本沒有這個意識,仍張口閉口跟爸爸媽媽要錢,不是想買名牌足球鞋,就是想要吃海鮮大餐。

一天,明明從學校回到家之後,就對爸爸說:「爸爸,這個週末是我好朋友的生日,我想替他慶祝慶祝,您給我1,000元吧!」

明明的話讓爸爸非常錯愕,他知道家裡經濟拮据,竟然還要替朋友慶祝生日,真是太不懂事了!於是,爸爸對明明說:「明明,你也知道,爸爸的公司遇到了困難,我們家不如從前了,哪還能任你揮霍啊!再說了,你想替朋友過生日,簡單慶祝一下就可以了,為什麼要花這麼多錢呢?」

誰知明明對爸爸的話卻不以為然,反而生氣地說:「我不管,你必須給我錢!我已經答應朋友了,如果反悔的話多丟人

047

Chapter2　放手才是愛，給孩子自由成長的空間

啊！再說，1,000元並不多，你怎麼會拿不出來？」

聽著明明不僅不體諒父母的苦衷，還理直氣壯地要錢，做父親的只能唉聲嘆氣地感慨：如果自己當初能夠給予孩子正確的教育，控制孩子的零用錢，不任其揮霍，那麼就不會出現現在這樣的局面了。

沒錯，這一切其實都是父母一手造成的。他們沒有及時對孩子進行適當的理財教育，沒有讓孩子知道金錢獲取的不易，所以明明才不懂得珍惜。事實上，現實生活中，像明明爸爸媽媽這樣的父母並不在少數，而和明明類似的孩子也不在少數。

不少父母覺得孩子小，沒有必要對其進行金錢教育，也沒有必要在金錢上有所虧待。可事實證明，這種想法是非常錯誤的，在孩子年齡尚小的時候，不能正確地擁有金錢觀念，珍惜和尊重父母的勞動，並且養成節約的習慣，那長大之後也很難形成良好的習慣和品格。

身為父母，我們要教會孩子適量地開銷，學會自己賺取零用錢。比如，父母可以讓孩子透過做家務、幫助父母處理問題的方式來賺取零用錢。等孩子到了十二三歲的時候，父母還可以讓孩子走出去，尋找一些發傳單等簡單工作來讓孩子賺取一定零用錢。

儘管這些都是非常簡單的事情，可是，孩子卻可以透過自己的勞動來賺得屬於自己的錢。更重要的是，他們不僅可以體

會父母的辛苦，理解金錢的來之不易，還可以潛移默化地培養經濟頭腦。

十一歲的美美非常喜歡攝影，不久前還參加了學校舉辦的攝影沙龍。對於孩子的這個愛好，媽媽是非常支持的，可當美美要求媽媽買給她一臺專業相機的時候，媽媽卻拒絕了。

媽媽鄭重地對美美說：「妳想參加攝影沙龍，我是非常支持的，可是這屬於妳自己的愛好，就應該自己承擔相應的費用。」

聽了媽媽的話，美美不滿地說：「媽媽，我沒有錢了！去年的壓歲錢，我早就花光了！」

媽媽笑著說：「沒有關係，妳可以自己賺錢啊！」

美美著急地說：「怎麼賺錢？」

媽媽溫和地引導說：「妳現在已經長大了，可以做一些事情了！當然，妳也可以幫媽媽做一些家務或是簡單的事情！不如這樣，從今天起妳就當我的助手吧！我每天都會擦地板，如果妳能夠做這件事情，我可以每天給妳 10 塊錢；我有時會把資料拿回家整理，如果妳能幫助我把它們裝訂好，我每次可以給妳 50 塊錢。當然還有幫爸爸媽媽擦皮鞋、拿快遞⋯⋯」

媽媽說完之後，美美說：「可是我們過幾天就要出發了，我根本來不及賺那麼多錢啊！那個相機需要幾千元呢！」

媽媽輕鬆地說：「這很簡單，我可以先借妳錢，妳賺錢之後再還給我！」

Chapter2　放手才是愛，給孩子自由成長的空間

美美痛快地答應了媽媽的要求，雖然「打工」期間她有點不適應，但還是堅持了下來。由於她知道這相機的來之不易，所以每次參加活動的時候都非常認真，想要拍出更美麗的照片。而從那之後，媽媽也改變了教育方式，不是直接給她零用錢，而是讓孩子透過自己做事來賺取。

當然了，我們讓孩子自己賺錢，關鍵是讓孩子知道金錢的來之不易，避免孩子養成不勞而獲的心理，同時透過這種方式來鍛鍊孩子做家務、動手的能力。所以，我們要給予孩子正確的引導，避免讓孩子產生「做家務就是為了賺錢」、「不給錢，就不做家務」的想法。

勇敢源於父母的信任

很多時候，如果父母不能對孩子放手，讓孩子大膽地去嘗試，那麼培養出來的孩子就不可能勇敢。所以，父母們要首先勇敢一些，讓孩子走出溫室，多到外面去闖一闖。遇到了高山，父母要鼓勵孩子大膽地爬過去；遇到了河流，父母應該激勵孩子勇敢地橫渡過去；即便是遇到了困難和危險，父母也不能因為擔心孩子的安全，而把孩子護在臂膀之下。只有讓孩子勇敢地去闖，才能鍛鍊孩子的勇氣，最後孩子才能真正地闖過去。

勇敢源於父母的信任

　　這個道理似乎非常淺顯，很多人也都明白和理解。可等自己當了父母之後，他們就沒有辦法做到了。在孩子很小的時候，他們並不希望孩子有「膽識」，並不希望孩子太能「闖」，因為這樣就意味著孩子「野」、「調皮」、「冒險」，容易遇到這樣那樣的危險，甚至為自己帶來傷害。於是，這些父母小心翼翼地保護著自己的孩子，不讓他們爬高、跳遠，不讓他們獨自去嘗試，更不會讓他們做危險的事情。

　　這樣的孩子確實不會遇到危險，也不會受傷，可這種過度的保護讓孩子沒有了鍛鍊的機會，失去了冒險的勇氣，甚至連自信和自立都喪失了。而我們不得不承認，隨著孩子一天一天地長大，勇敢對於他們來說是非常重要的。適當地給孩子勇氣，讓他們勇敢地去冒險，才能讓孩子更好地成長。

　　玉秀的孩子已經五歲半了，可自從出生以來，就沒有離開過她的視線。平時，玉秀也只是帶孩子到社區公園玩一玩，卻不讓他玩那些體育器材。她總是小心翼翼地保護著孩子，生怕孩子到處亂跑，遇到什麼危險的事情。

　　前幾天，玉秀的大學同學約她帶著孩子到水上樂園玩，兩個年紀差不多的小朋友一碰到一起，立即就玩開了。同學的兒子顯然是常出來玩，到了樂園就興奮起來，一會兒要玩充氣溜滑梯，一會兒要玩迷你雲霄飛車。而在玩伴的帶領下，玉秀的兒子也活潑了很多。

Chapter2　放手才是愛，給孩子自由成長的空間

　　玩充氣溜滑梯的時候，兩個孩子脫了鞋子就跑了進去，在裡面又蹦又跳，還高興地去爬最高的城堡。

　　由於充氣溜滑梯不允許大人上去，玉秀就只能在邊緣焦急地呼喊著孩子：「小力一點跳，不要撞到了！」、「不要爬太高，小心摔倒了！」看到孩子想要從充氣城堡的溜滑梯上往下滑時，玉秀立即緊張地說：「寶貝，你可要小心啊！這實在太高了！」看著玉秀緊張的樣子，同學笑著說：「這很安全的，妳完全沒有必要這麼緊張！」

　　可玉秀還是不放心，一邊緊張兮兮地盯著孩子，一邊對同學說：「我家孩子從來沒有到處跑過，更沒有爬那麼高過。我擔心他害怕，擔心他出現危險！」

　　同學則不以為然，說：「妳不覺得男孩子就應該這樣嗎？在他的成長過程中，只有我們放手，讓他自己去冒險、去嘗試，孩子才能變得越來越勇敢。如果所有的父母都像妳這樣，那孩子們恐怕就只能待在家裡了，不敢做這個不敢做那個。」

　　看玉秀陷入了沉思，同學繼續說：「我們都希望孩子勇敢、有膽識，可這都是父母給予的。只有我們鍛鍊孩子的勇氣，給他們大膽去做的機會，他們才能變得越來越勇敢。一旦我們害怕這個擔心那個，那麼孩子也會被恐懼占據內心，變成一個膽小懦弱的人。」

　　同學的話讓玉秀終於想明白了，知道自己對孩子的保護和

關心都太過了。之後她也像同學一樣,讓孩子自由地玩耍。結果在水上樂園那一整天,孩子享受了從來沒有過的快樂,他們爬假山、坐飛機、玩旋轉溜滑梯……

開始的時候,小傢伙還有些害怕,要求媽媽陪伴。可在玩伴的引導下,他開始勇敢地玩耍,大膽地嘗試自己從來沒有接觸過的遊戲。

達爾文說:「我必須承認,幸運喜歡照顧勇敢的人。」每一個孩子都不是天生的勇敢者或是懦弱者,重要的是父母如何去培養,如何去引導。所以,愛孩子就不要讓自己的愛扼殺孩子的勇敢,就不要對孩子過度保護、過度限制。我們要鍛鍊孩子的勇氣,讓孩子變得更加勇敢,戰勝內心的恐懼;我們要給孩子機會,讓他勇敢地去嘗試,大膽去冒險。

讓孩子自己選擇,學會為選擇負責

把孩子的事情安排得妥妥當當,這好像是華人父母最願意做且感到最驕傲的事情。可是,父母是否意識到,這樣一來孩子失去了選擇的機會,失去了體驗人生的機會。

事實上,選擇是每個人的權利,孩子也是如此。在成長的過程中,讓孩子對自己的事情做出選擇,不管是大事還是小事,都可以鍛鍊孩子的判斷能力和決策能力,激發孩子的獨立

Chapter2　放手才是愛，給孩子自由成長的空間

性和自主性。

所以，我們要讓孩子學會選擇，更重要的是要放開孩子的手，給予他們選擇的機會和權利，而不是自作主張地粗暴干涉。這才是他們成長的必修課，這才是父母真正愛孩子的表現。

北北已經上高一了，下學期就面臨著分班、文理分科的選擇。面對這個問題，北北有些不知道怎麼辦才好，於是就問媽媽：「媽媽，我們就要分類組了，你和爸爸希望我選擇文科還是理科？這直接關係到我將來上大學的時候，是學理工還是學文史。」

媽媽沒有直接回答北北，而是握著他的手，鄭重地問道：「你自己喜歡文科還是理科？」

北北想了想，說：「我的文科比較好，國文、歷史的成績都非常不錯，可是我還是喜歡理科，尤其是物理。而且我覺得男生還是學理工科比較好，將來有很好的就業優勢。」

聽了孩子的話，媽媽感到非常欣慰，便說道：「那麼，你就自己做出選擇吧！」北北沒有想到媽媽會這樣說，驚訝地看著媽媽。媽媽繼續說：「北北，這次的選擇關係到你的一生，所以我們決定尊重你的意見，讓你自己做出選擇。以前很多事情，爸爸媽媽都幫你選擇了，但是這一次不同了，因為你已經長大。只要你經過了仔細的思考，不管你做出了什麼樣的選

擇，爸爸媽媽都會支持你。」媽媽的話讓北北得到了極大的鼓舞，因為在之前的生活中，媽媽似乎很少給自己選擇權，尤其是在關乎課業的大事上就更是如此了。而經過了認真的思考，北北也根據自己的喜好選擇了理科，之後學習更具有自主性和積極性。

或許很多家長會質疑，北北的父母是不是太盲目、太不負責任了，竟然把這麼重要的選擇交給了孩子。可我們不得不承認，北北的父母是明智的，他們糾正了之前替孩子選擇、干涉孩子選擇的錯誤方式，把一些關於孩子自己的重大事情交給他自己去選擇。事實上，這樣的做法對於孩子的成長是非常有利的，它意味著父母已經直接向孩子表明：「我尊重你的選擇」、「我相信你」。如此一來，孩子的自信心會受到巨大的鼓舞，並且讓孩子從小就成為具有較強決斷能力的人。可遺憾的是，我們身邊的很多父母卻習慣了為孩子做決定，不給孩子任何選擇的機會。別說關係到孩子人生的重大事情，就連一些生活中的小事，他們都會盲目地代替孩子做出選擇，從來不顧及孩子的想法和感受。

看看餐廳中的這位母親吧，就連孩子想要選擇水果沙拉還是三明治的權利都被剝奪了！

餐廳內，一位年輕的媽媽帶著可愛的女兒來用餐，服務生先問這位母親點什麼，她回答說：「我要一份三明治，謝謝。」

Chapter2　放手才是愛，給孩子自由成長的空間

　　隨後，服務生又問坐在一邊的小女孩：「小美女，妳想要吃點什麼？是三明治，還是水果沙拉？」

　　小女孩非常有禮貌地說：「我要水果沙拉，謝謝你。」

　　可這位母親卻打斷了女兒的話，堅決地說：「不可以，妳今天不能吃水果沙拉。」然後回過頭來，對服務生說，「給她來一份三明治，然後再加一點生菜。」

　　然而，服務生並沒有離開，而是微笑地看著小女孩，問道：「那妳喜歡什麼水果呢？」

　　小女孩怯生生地看了母親一眼，回答說：「我喜歡番茄、蘋果、香蕉，還有甜味的沙拉醬。」

　　見女兒竟然不聽自己的話，母親的臉色立即變得難看起來，說：「妳今天不可以吃水果沙拉。為什麼不聽話呢？」

　　服務生見此情景，連忙勸說道：「女士，我們為什麼不聽聽小美女的意見呢？畢竟吃東西的是她自己，選擇也應該是她自己的事情……」

　　可服務生還沒有說完，這位母親便嚴詞拒絕道：「這是我們自己家的事情，請你不要太多話！你的工作就是做好顧客服務！」

　　這位服務生見此只能搖了搖頭，直接走進廚房，而小女孩之後一直低著頭吃著三明治，早已經沒有之前的愉快心情。可以想像，這位母親給予女兒的是什麼樣的教育，她連讓孩子自

056

由選擇食物的權利都剝奪了，又怎麼能給孩子平等和自尊呢？

不管孩子年紀是大是小，選擇，都應該是他們自己的事情。哪怕他們的選擇是錯誤的，父母也應該給予合理的引導，而不是不管三七二十一地徹底剝奪了孩子的選擇權。

比如孩子是願意練習書法，還是願意去上鋼琴課；假期時，孩子是想去旅行、到鄉下體驗生活，還是補習功課；高中時，是選擇文科還是理科。這些關乎孩子自身生活、學業乃至人生的大事，父母都應該放手，讓他們自己做出選擇。

即便是替孩子買玩具，是買芭比娃娃還是米妮；週末的時候，是去海生館還是科博館；下雨時，孩子是撐傘還是穿雨衣，這些小事，父母也應該嘗試著讓孩子自己做主。就算是孩子選擇錯了，家長發現了有不妥的地方，也絕不可以濫用自己的權威，強迫孩子做他們不願意做的事。

只有尊重孩子的選擇，讓孩子選擇自己喜歡的，孩子才能獲得自尊、自信，以及足夠的勇氣。也只有這樣，孩子才能慢慢地成長，長成參天的大樹。

磨鍊中成長，摔打讓孩子更堅韌

哲學家、教育家盧梭在《愛彌兒》(*Emile, or On Education*)中是這樣描述孩子的成長的：如果孩子摔倒了，撞到了腦袋，

Chapter2　放手才是愛，給孩子自由成長的空間

或是鼻子被碰出了血；或是手指被劃破了，膝蓋被撞傷了，我是不會大驚小怪、驚慌失措的。反而，我會冷靜地站在那裡，等待孩子自己爬起來，至少等過了一段時間才過去。

對此，盧梭解釋說：「對於孩子來說，傷害已經發生了，他必須學會忍受。如果我表現出驚慌失措的樣子，那麼孩子就會更加害怕，更覺得傷口疼痛不已。事實上，當我們受傷的時候，恐懼的心理要比所受的傷害更令我們感到疼痛。如果孩子看到父母驚慌地跑過去，小心翼翼地安慰他、同情他，那麼他就會同樣變得驚慌、不知所措；可如果他看見我鎮靜地看著他，那麼他就會馬上變得冷靜下來，嘗試著自己爬起來，並且以為傷痛是無關緊要的。在這樣的年齡，孩子正是處在學會勇敢、學會無所畏懼地面對輕微的痛苦的時候，並且還要學會忍受更大的痛苦。」

沒錯，在孩子成長過程中，經歷一些身體的痛苦和摔打是非常必要的。如果孩子一點傷害都沒經歷過，一次跌倒也沒有，那麼他根本就長不大。正如盧梭所說：「遭受痛苦，是他應該學習的第一要事，也是他最需知道之事……我從來沒有聽說過哪一個孩子僅憑自己的力量把自己弄死了，或者弄成殘廢了，或者把自己弄重傷了。」

可現實生活中，有些家長就是喜歡保護孩子，不忍心看到孩子摔倒、受一點傷，認為孩子還小，不應該經受一次次的打

擊和傷害。可要知道，這樣的教育方式是錯誤的。在「摔打」中成長，孩子才能變得越來越堅強，才能勇敢地面對挫折和打擊。如果父母因為不忍心，精心看護孩子，或是一次次地替孩子搬開絆腳石，一次次小心翼翼地把孩子扶起來，那麼孩子肯定無法面對挫折和打擊，更不知道如何應對和承受失敗。

正因為如此，父母要放鬆自己的心態，讓孩子在摔倒中學會走路、奔跑，讓孩子在「摔打」中學會成長。

子航是一個 8 歲的小男孩，平時懂事乖巧，很討人喜歡。可就是性格一點都不像個男生，缺少了一些勇敢頑強的特質。與其他頑皮好強、敢闖敢玩的男孩相比，子航確實看起來比較柔柔弱弱的，說話也是輕聲細語。他也很活潑好動，平時卻喜歡和女孩子一樣玩踢毽子、跳繩之類的遊戲。因此，很多同學都開玩笑說他是「林妹妹」。

一次正在上體育課，子航突然哭了起來，老師經過詢問才知道原來是跑步的過程中，子航被一位女同學不小心絆了一跤，結果兩人都摔倒了，膝蓋也破皮了。女孩子二話不說爬了起來，繼續接下來的運動，而性格嬌弱的子航卻無法忍受這疼痛，竟然不由自主地哭了起來。

老師立即幫子航處理了傷口，然後打電話給子航的爸爸媽媽說：「這孩子怎麼一點陽剛之氣都沒有呢！人家女孩子都沒有因為摔倒哭泣，他一個大男生竟然哭了起來，簡直比女生還

Chapter2　放手才是愛，給孩子自由成長的空間

嬌氣！這對於孩子的成長是非常不利的，你們身為父母的應該要鼓勵他勇敢一點啊！」

　　子航的爸爸媽媽也非常頭痛，怪自己當初對孩子太嬌慣，保護過了頭。經過商量之後，爸爸媽媽替子航報了跆拳道班，希望他能夠多和男孩子玩耍，並且多摔打摔打，以便培養他的陽剛氣。

　　經過一年多的訓練，子航果然不再像過去總是那麼扭扭捏捏、嬌嬌弱弱了，更不會因為摔倒、受傷而哭泣了。他終於變得更加堅強自信，而且承受挫折能力也變強了。

　　是的，成長需要不斷的摔打。嬰兒從不斷的摔倒中才能學會走路，孩子在不斷的摔打中才能學會忍受痛苦，不會選擇退縮和放棄。而一旦害怕孩子摔倒，不忍心孩子受到打擊，甚至因為害怕孩子受傷就一味地精心照看，不捨得放手，那麼只能讓孩子缺乏勇氣和堅強，甚至剝奪孩子成長的機會和權利。

　　對於孩子，我們與其費盡心思保護他們，把他們鎖在溫室裡，不如替孩子創造更多的機會，多讓孩子參加各種活動，多讓孩子經受一些摔打和痛苦。只有讓孩子在摔打中成長，他們才能變得越來越堅強。

放手，孩子才能學會獨立

教育家馬卡連柯（Антóн Макáренко）曾說過這樣一句話：「最可怕的是用父母的幸福來栽培孩子的幸福。」這句話的意思非常明顯，就是說父母自認為對孩子的好，實際上並不見得真的有利於孩子的成長。很多時候，這不過是父母的一廂情願罷了。

不願意對孩子放手，總想著為孩子事事包辦，並不是給孩子以幸福，反而會為他的成長帶來很大的隱患。從孩子發展的角度來說，不給予孩子做事、解決問題的機會，就等於剝奪了孩子自理能力發展的機會，久而久之，孩子就會失去獨立解決問題的能力，喪失應有的責任心，甚至失去獨立的能力和意識。而一個小時候事事依靠父母的孩子，長大之後又如何勇於承擔責任呢？連自己的問題都解決不了，你怎麼奢望他將來能夠輕鬆地解決更多難題呢？

所以，在孩子的成長中，聰明的父母要學會一個原則，那就是大人放手，讓孩子動手。提供孩子鍛鍊的機會，讓孩子自己解決生活和學習中的各種問題。

幼兒園舉辦了一個「我快樂的一天」的活動，讓每個小朋友帶幾張照片，講述自己這一天做了什麼高興的事情，並且和其他小朋友分享自己的快樂。上大班的麗麗對這件事情非常重

Chapter2　放手才是愛，給孩子自由成長的空間

視，週六的時候，特地讓爸爸媽媽帶著自己去了遊樂場，還拍了很多開心玩耍的照片。

可等到週日晚上，麗麗卻發現自己精心準備的照片不見了。原來週日的時候，麗麗和媽媽去了奶奶家，還特意把那些照片帶了過去，向奶奶講述了自己遊戲玩耍的經過，卻忘了把照片帶回來。麗麗擔心老師會責備自己，便央求媽媽說：「媽媽，我的照片放在奶奶家了，現在來不及去拿了，妳能和老師說情嗎？」

媽媽並沒有答應麗麗的請求，說：「這是妳自己的問題，是妳把照片忘在了奶奶家，也是妳自己需要和小朋友們分享，所以妳應該自己想辦法解決。」

麗麗噘著嘴說：「媽媽，妳就幫幫我嘛！拜託妳了！」

可是媽媽並沒有動搖，而是握住孩子的手說：「寶貝，自己的問題就應該自己解決，如果我今天幫了妳，那麼妳之後怎麼辦？還是要找媽媽來幫忙嗎？媽媽可以幫妳一次兩次，可不能永遠幫助妳。難道等妳長大了，遇到問題之後，還要央求媽媽來幫忙嗎？」

接下來，媽媽開始鼓勵和引導麗麗，讓她自己去和老師解釋，說明事情的原委。麗麗見無法依賴媽媽了，第二天早早到了幼兒園，對老師說：「老師，我今天忘記帶照片了，因為我把它們忘在奶奶家裡了！」

老師聽了之後，微笑著說：「沒有關係，妳可以和小朋友們分享自己的經歷，等以後有時間再把照片拿給大家看。」

麗麗聽了老師的話，懸著的一顆心總算放下了。她剛要離開，突然看到了老師正在用手機看照片，於是高興地說：「老師，我可以用手機展示自己的照片嗎？我那些照片都是用媽媽的手機拍的。」

站在一旁的媽媽說：「麗麗，妳不要忘了，媽媽是要上班的，怎麼能把手機留給妳呢？」

麗麗笑著說：「媽媽，妳也可以把照片傳給老師啊！我們不是經常傳照片給老師嗎？」

就這樣，麗麗用自己的方法解決了自己的問題。

很多時候，當孩子遇到問題的時候，父母的第一反應就是幫助孩子解決。相信很多父母遇到類似的問題時，很可能會親自和老師解釋，或是想辦法幫助孩子吧！但是麗麗的媽媽卻沒有，她利用這件事情替孩子提供了一個獨立解決問題的機會，也讓孩子承擔起了她應該承擔的責任。事實證明，當這位媽媽信任孩子之後，孩子完全可以自己解決問題。麗麗不僅和老師解釋了自己的失誤，還積極思考，找到了不錯的解決方法。

所以，父母千萬不要因為孩子小，就懷疑他們解決問題的能力，不讓他們自己動手。只有把孩子當大人看，放手讓他們去嘗試、去思考，孩子才會感受到被信任，覺得自己有能力解

Chapter2　放手才是愛，給孩子自由成長的空間

決自己的問題，覺得自己能夠像大人一樣承擔自己本應承擔的責任。而不放手，孩子就會永遠躲在父母羽翼的庇護之下；不放手，孩子永遠學不會自己解決問題。

過度保護，未必是愛的表現

很多父母總是有這樣的想法：孩子慢慢地長大了，接觸的人多了，懂得的事情多了，如果不把他們看緊點，就可能出現大問題。他們或許會做出錯誤的事情，或許會結交不好的朋友，甚至會慢慢地變壞。

有了這樣的想法，這些父母便開始嚴加管教自己的孩子，把孩子牢牢地拴在自己身邊。除非正常上課，否則一律不准外出；孩子交朋友，必須由自己來把關；孩子想要參加夏令營，必須由自己來陪同……

於是，為了保護自己的孩子，這些父母替孩子編織了一個大大的籠子，把孩子關在其中，並且無時無刻不盯著他。

劉希是一名六年級的學生，眼看就要到青春期了。劉希的父母認為，青春期的孩子都是非常叛逆的，很容易受到不良因素的影響，如果不把孩子看緊點，就有可能出現大問題。

於是，劉希爸爸與孩子約法三章：第一，每天放學之後必須馬上回家，不能在學校逗留，更不能到處亂跑；第二，有什

麼活動必須向父母報備，得到父母的允許之後才能行動；第三，週六週日，除了上補習班不能隨便外出。

為了能夠讓孩子遵守規則，劉希爸爸還特意替孩子買了新手機，以便隨時能夠了解孩子的動向。劉希本來就是一個懂事的孩子，再加上爸爸媽媽很強勢，所以他都是嚴格遵守約定。

劉希父母也覺得自己的行為保護了孩子，讓孩子得到了健康、順利地成長。可直到劉希快要小學畢業時，他們才知道自己過分的「保護」深深地傷害了孩子，並且使活潑開朗的孩子變得內向而又憂鬱。

這一天，劉希參加了學校舉辦的畢業生歡送會，可回家之後，他的臉上並沒有興奮和愉悅，反而充滿了失望和憂鬱。

媽媽好奇地問：「兒子，你不是參加歡送會了嗎？怎麼看起來不太高興？」

這時，劉希突然情緒激動起來，對著媽媽大聲喊道：「都是你們！你們規定什麼約法三章，每天讓我早早回家，不允許我交朋友，週末也不允許我出門，結果我一個朋友都沒有！我除了成績好一些，簡直就是一無是處！同學們都在相互寫畢業紀念冊、贈送禮物，還拍照留念，可是我呢，沒有人要我寫畢業紀念冊或是贈送我禮物，也沒有人和我拍照！我就好像是一個毫不相干的人！這一切都是你們造成的！」說完，他哭著回到自己的臥室。

Chapter2　放手才是愛，給孩子自由成長的空間

　　經過向老師了解之後，媽媽才知道原來劉希這一年的變化非常大。開始他很活潑，時常和同學打籃球、踢足球，可慢慢地，他對這些失去了興趣——媽媽知道，孩子之所以這樣，是因為她要求他的。

　　由於他經常不參加同學們的活動，因此和同學們變得疏遠，性格也變得越來越孤僻、懦弱。課餘時間，別的同學三五成群地玩鬧，而他卻總是一個人趴在桌子上。聽了老師的話，劉希的媽媽陷入了沉思之中，她不禁想：我們為了保護孩子，卻讓孩子變成這樣，難道我們真的錯了嗎？

　　從表面上看，劉希父母的做法是在「保護」孩子，但事實上，這種嚴格的管制，讓孩子失去了自由和自主，不能獨立地翱翔。在現實中，像劉希父母這樣緊緊拴著孩子的家長不在少數。他們認為，孩子長大了，很容易犯錯，很容易受到壞孩子的影響。於是，他們把所有心思都放在孩子身上，恨不得把孩子時時綁在自己的身邊。一些父母即便不能時刻盯著孩子，也會透過手機來監督和管束孩子。

　　然而，這種管束是真的「保護」孩子嗎？對孩子來說，是真的好嗎？結果又是怎樣呢？

　　正如一個教育學家所說的：「父母對孩子約束越多，孩子越是循規蹈矩，越是膽怯。但另一方面，他又會表現出極端情緒。」被牢牢拴住的孩子，不是變得循規蹈矩、懦弱膽小，不

敢和其他人接觸，就是變得越來越叛逆，想要擺脫父母對自己的管教。

所以，父母們應該明白一個道理：我們可以合理地限制孩子，避免孩子做出不合理的行為，避免孩子受到不良行為的影響。但是，限制並不等於控制和管制。如果父母超過了正常的監護、監督，想要緊緊地控制孩子，並且把孩子拴在自己身邊，那麼就會影響他的健康成長，不僅會令孩子喪失與人交往的能力，還可能造成性格缺陷。

好孩子不是「保護」出來的，更不是管制出來的。放手加上合理的引導，孩子才能變得更加獨立，並且向著你期待的方向自由地翱翔！

給孩子明確的界限，是對他最大的守護

沒有不愛自己孩子的父母，可很多父母的愛卻沒有了界限感，把自己的愛變成了對孩子的過度管制、過度保護。他們一心想要包攬孩子的一切，一心想要「用整個生命來對待自己的孩子」。

然而，對於孩子來說，這樣的愛卻是一種災難，讓孩子完全沒有了自我，並且承受著父母管制的折磨和煎熬。

《你的孩子不是你的孩子》是一部討論家庭教育的電視劇，

Chapter2　放手才是愛，給孩子自由成長的空間

　　播出時受到了廣泛關注和熱議，其中〈媽媽的遙控器〉這一單元更是反映了現實生活中父母們的偏執教育。這位媽媽是非常愛孩子的，丈夫出軌之後，她費盡心力才贏得了兒子的撫養權。

　　單親媽媽獨自一人撫養孩子，還要為兩人的生活而奔波，可想而知是非常辛苦和心酸的。然而，這位媽媽的做法卻真的無法讓人愛得起來，因為她表現出了對孩子極端的控制欲，並且對孩子的心靈造成了極大的傷害。

　　故事一開頭，這位媽媽就表現出了強烈的偏執，在和自己老公談判離婚時，她透過奮力反抗，終於奪回了孩子的撫養權。之後，她認為兒子是自己唯一的依靠，只有兒子才能替自己的心靈帶來安慰。於是，她把兒子當成是生活的全部，只允許兒子按照她的想法和意願去做事，甚至選擇人生道路。否則，她就覺得兒子像丈夫一樣背叛了她。

　　一個偶然的機會，她得到了一個可以操控時間的遙控器，只要按一個按鈕，時間就會回到她想要的時候。接下來，這個遙控器就成為她操控兒子，讓兒子按照自己意願行事的最好武器。

　　一旦她覺得兒子的做法不符合自己的意願，她就反覆地按返回鍵，讓孩子一直停留在這一天。在這一天內，她讓孩子一次次地修正自己的行為，意識錯誤、改正錯誤，直到自己滿意

為止。只要孩子稍有反抗,這位媽媽依舊會讓他重新來過,調整好自己的情緒和狀態:

兒子考試成績差,她選擇讓孩子重新來過,一次、兩次……十次,直到考出令人滿意的成績;

兒子上補習班,跟不上課業進度,她會讓孩子重新學習這一天的內容,直到趕上別人的進度;

兒子喜歡上了一個女孩,她讓孩子重來,故意讓兩人成為相見不相識的陌生人;

……

一個孩子就這樣生活在媽媽的控制之下,不能有自己的思想,不能有獨立的行為,更不能做自己喜歡的事情。而且,在媽媽的遙控之下,他要不斷地重複著某一天、某一件事情。可想而知,這是多麼恐怖的一件事啊!

在一次次倒帶中,他成了媽媽希望的樣子:一個光鮮亮麗的成功人士,一個言聽計從的媽寶男。直到有一天,他遇到了自己的初戀,並且被女孩那輕鬆自在、無憂無慮的生活所打動。於是,這個孩子決定逃離媽媽的束縛和管制,去做自己想做的事情。可這唯一的意願和想法也被媽媽無情地擊碎了──媽媽不肯放手,不停地按下遙控器,阻止著孩子離開。

終於,這個孩子再也無法忍受這一切,決定用死亡來反抗媽媽!他希望能用自己的生命來獲得最終的自由!然而,他想

Chapter2　放手才是愛，給孩子自由成長的空間

錯了，他連這個自由都失去了！媽媽不停地按下遙控器，讓孩子回到他還沒死的那天。結局就是，這個孩子永遠生活在媽媽遙控的陰影之下，如傀儡一般沒有自我。

故事中，那個孩子的人生是可悲、可嘆的，然而這位媽媽的人生就開心和快樂嗎？答案是否定的。這種沒有界限的控制和管教，讓孩子找不到自己的價值，無法獨立地過自己的人生，也讓母親自己失去了自我和完整的人生。

不管是對於孩子還是對於父母來說，這都是一種悲劇和災難。它使得本來是最親密的母子關係變得水火不容，更讓這個家庭徹底地崩潰。孩子對於父母的情感已經沒有了愛和尊重，只剩下了怨恨，父母對於孩子的愛也變成了偏執的控制欲。

每個孩子的生命雖然是父母給予的，但是他們都是一個獨立的個體，從呱呱墜地那天起，便逐漸有了自己的思想和靈魂。父母可以保護他們、管教他們，卻不能左右和控制他們。一旦父母不放手，讓自己的愛沒有了界限感，那麼這份愛就會變得越來越沉重，最終阻礙孩子人格的發展、人生的完整。

相反，如果父母勇於放手，讓孩子做好自己，孩子對於父母的愛不僅不會消減，反而變得更加濃厚。父母越是放手，孩子的思想就越是自由，人生就更加精采。

梁啟超是一位著名的思想家、政治家、教育家，可我們也知道，拋卻這些光環，他更是一位非常好的父親。他有九個孩

子,每個孩子都被培養成某一領域的卓越者。我們最熟悉的長子梁思成是著名建築學家,長女梁思順是詩詞研究專家,三子梁思忠清華大學畢業,後在維吉尼亞軍事學院和西點軍校學習,五子梁思禮是火箭控制系統專家⋯⋯

他的孩子之所以個個都擁有出色的人生,就是因為梁啟超在教育孩子的過程中,從來不把自己的意願強加在孩子身上,而是尊重孩子,勇於放手。在他看來,自己有一定的人生閱歷,可以給孩子一些建議。對於這些建議,如果孩子認同,那麼他會給予極大的幫助和指導;如果孩子不認同,他則會鼓勵孩子放開手腳大膽去做,讓他們去完成自己的夢想。「你們的孩子,都不是你們的孩子,乃是生命為自己所渴望的兒女。他們是借你們而來,卻不是從你們而來。你可以給予他們的是你的愛,卻不是你的想法,因為他們自己有自己的思想。」

最好的養育就是手放開,不要讓沒有界限的控制和「愛」成為孩子人生的災難!

Chapter2　放手才是愛，給孩子自由成長的空間

Chapter3
順應天性，
激發孩子的潛能與創造力

如今很多父母似乎走入了一條教育定律，那就是 —— 只有管制，才能讓孩子聽話。結果越管越亂。其實，培養好孩子，根本沒有這麼困難。

懂得放養，順應孩子的天性，再適當引導才是好的教育。不要和孩子較勁，讓他們自由去發揮，你會發現原來「神奇孩子」就在身邊。

Chapter3　順應天性，激發孩子的潛能與創造力

玩耍中學習，讓孩子愛上探索

　　愛玩是孩子的天性，玩也是孩子成長過程中必需的「營養素」。生活中，如果我們看到哪一個孩子只知道學，卻不喜歡玩、不會玩，那麼只能說他父母的教育方式出了很大的問題。

　　不喜歡玩的孩子，沉悶呆板，對一切都沒有任何興趣，導致他們很難對這個世界產生好奇心，更沒有機會來增加自己的求知欲和探索欲，時間長了，動手、觀察、探索等能力自然就無法得到發展了。

　　相反，如果一個孩子貪玩、會玩，那麼就具有優秀者的特質。這樣的孩子比其他孩子更活潑、聰明，而且更容易產生求知欲和好奇心。在玩樂中享受快樂的同時，孩子還可以完善自己的個性，找到自己的興趣愛好，同時不斷地提高自己的能力。

　　暢暢是一個非常貪玩的孩子，每天放學後都不願意回家，不是拿著網子在公園中捉蟲子，就是和幾個同學到處奔跑。即便是回到了家，他的心思也很少在功課上，喜歡研究他那些玩具，還時常做一些小風箏、小捕蟲器。

　　暢暢的頭腦確實夠聰明，只是沒有把精力放在學業上，就想著玩耍，所以成績平平。在最近一次升學考試中，他在班級的排名已經落到了中後段。這讓暢暢的爸爸媽媽對他的貪玩行

為感到非常惱火。為了讓孩子成績進步，改掉貪玩的壞習慣，爸爸特地找他深談了一次，還替他制定了學習計畫，沒收了一些玩耍工具。

可這並不能阻止暢暢貪玩的心，這孩子每次總是想出很多鬼點子。爸爸要求他放學立即回家，可他總是找機會「開溜」，和同學在學校或是公園中玩耍；爸爸沒收了他的玩耍工具，可第二天他又自己做出了一些其他工具；爸爸建議他報一個課後輔導班，可他卻報了一個「航空模型」才藝班……

為此，爸爸媽媽感到非常頭痛，真擔心孩子沒辦法考上好高中。可老師的話卻讓他們改變了想法。老師說暢暢貪玩，可這並不是什麼太大的壞事，雖然他成績一般，但動手能力和思維能力確實是一流的。尤其是參加了「航空模型」才藝班之後，製作航空模型的能力在學校都出了名，學校還準備推薦他參加縣市舉辦的中小學航空模型製作比賽。

事實上，由於天性使然，我們很難找到一個不愛玩、不貪玩的孩子。父母只要能夠給予孩子正確的引導，讓孩子科學地「玩」，在玩耍中學習知識、增廣見聞，那麼孩子就可以玩出名堂、玩得出色。更何況孩子的學習，又不只限於課本而已；孩子學習的目的，也不只是為了成績排名。

幸好暢暢的爸爸媽媽及早明白這個道理，他們不再強硬地阻止孩子玩耍，而是給予孩子充分的自由。只要暢暢不玩得太

Chapter3　順應天性，激發孩子的潛能與創造力

過火，完全耽誤了學業和生活，他們就不會加以限制。另外，他們開始鼓勵孩子玩各種航空模型，還特地替孩子請了指導老師。結果，暢暢製作的航空模型不但在學校和全市比賽得了獎，而且還多次參加全國比賽，獲得了全國大獎。

父母們之所以限制孩子玩，是害怕孩子因為貪玩而耽誤了課業。這個想法，我們都能理解，可家長也要知道，玩也是孩子成長過程中的一部分，陪孩子玩也是親子教育中最重要的一環。在家庭教育中，讓孩子感受玩的樂趣，在玩耍中認知世界、探索世界，並且學習生活中所需要的知識，才是我們最應該做的。

誰又能否定讓孩子自由玩耍不是培養他們成長得更好的好方法呢？所以，我們應該改變自己的教育方式，尊重孩子的愛玩天性，化堵為疏，並且積極地引導孩子在遊戲中學習。

在孩子玩耍的過程中，我們可以培養孩子的興趣愛好，讓孩子在玩中學、學中玩。比如孩子喜歡捉蟲子，我們可以引導孩子認識各種昆蟲、鳥類，看看牠們有什麼特徵，有什麼相同和不同的地方，讓孩子對探索和認知這個世界產生興趣。

在孩子玩耍的過程中，我們可以引導孩子主動思考、開拓思維，培養孩子思考問題、解決問題的能力。比如孩子喜歡玩玩具，我們可以引導孩子思考汽車玩具為什麼會行駛，航空模型是如何組裝的，機械運動是如何形成的……

同時，玩也可以開闊孩子的視野。比如孩子喜歡到戶外玩，我們可以帶孩子去旅行，多見識這個世界的美麗和神奇。

很多孩子在玩耍中學習到了很多東西，甚至玩出了大名堂，原因就在於他們的父母並沒有一味地阻止孩子、限制孩子。同時很多遊戲也是有利於孩子智力發育、體能拓展的，比如各種智力遊戲、各種體育運動等。

因此，父母們要給孩子玩的空間和自由，讓孩子能夠在遊戲中學習。

孩子的調皮，是成長的信號

調皮、淘氣是所有孩子的共同特徵，他們會跳上跳下，把沙發、床當成了彈跳床；他們會故意惡作劇，把爸爸的手機藏起來，然後看著爸爸滿頭大汗地到處找；他們會故意揪住女同學的辮子，看到女同學委屈地大哭，卻在一旁哈哈大笑……

很多父母一看到孩子調皮、淘氣就頭痛不已，恨不得把孩子拴住，好阻止他們這些令人抓狂的舉動。有些父母甚至開始擔心，這樣調皮、淘氣的孩子長大以後會怎麼樣？他們會不會越來越不聽話，不服從爸爸媽媽的管束？他們會不會變得越來越頑劣，甚至走上錯誤的道路？

Chapter3　順應天性，激發孩子的潛能與創造力

其實，父母的這種擔心，完全是杞人憂天。孩子哪有不調皮搗蛋的？這就是他們的天性，尤其是幾歲的男孩子更是調皮得不行，招貓逗狗、和同學打架、惹哭女老師。然而這並不代表著他們不是好孩子，也不代表著將來他們就有可能變壞。

孩子之所以調皮，是因為他們天生對事物充滿了好奇心，想要自己去探索和嘗試。在大人看來很普通的東西，對於孩子來說卻充滿了吸引力，促使他們想一個個地弄清楚；在大人看來是錯誤的行為，對於孩子來說卻非常有趣，讓他們抑制不住地「做壞事」。

一旦父母發現孩子的淘氣行為，就馬上予以制止，對孩子大聲地說「不行」、「不要這樣做」、「你再調皮我就打你了」之類的話，孩子的好奇心和探索欲就會被遏制，孩子的成長就會受到影響。

有句話說，「調皮的男孩是聰明的，淘氣的女孩是靈巧的」。雖然這只是一句俗語，卻是絕大部分父母經過仔細觀察所得出的結論。現在很多教育專家也指出，孩子的調皮淘氣行為往往蘊含著非常大的想像力和創造力。而且這種行為還與孩子的表現欲有很大的關係，孩子的淘氣行為就是為了引起父母的注意，希望得到父母的關注。

因此，身為父母就不必為孩子的調皮搗蛋而操心了。給孩子淘氣的權利，而不是一味地訓斥，如此孩子才能充分地釋放

自己的天性,發展想像力和創造力。愛迪生小時候就是一個令父母頭痛不已的孩子,比其他孩子更加調皮淘氣,時常做出讓父母火冒三丈的事情。

　　一次,他看到院子裡的母雞正在孵蛋,竟然把母雞趕走了,然後自己坐在雞蛋上。當父母大聲制止他的時候,他振振有詞地說:「我沒有搗蛋,我正在幫助母雞孵小雞!」父母哭笑不得地說:「人是不能孵出小雞的!」小愛迪生好奇地問:「為什麼母雞可以孵出小雞,而我卻不能呢?」這個問題令父母難以回答。還有一次,愛迪生竟然讓自己的玩伴喝下了一種能產生氣體的酵粉,差點害玩伴丟掉性命。當父母質問他的時候,他理直氣壯地說:「我是在做實驗!氣球充了氣,就可以飛到高空中。那麼我就想,人的身體充了氣,是不是也能讓人飛上天呢?我不做實驗,怎麼知道做不做得到!」

　　在課堂上,他也不是一個安分守己的孩子,時常打斷老師的講課,還問一些「無理取鬧」的問題。當老師教孩子加減法,說到「2+2=4」時,愛迪生突然大聲提問:「老師,為什麼二加二等於四,而不是等於其他數字呢?」

　　最後,愛搗亂、喜歡調皮的愛迪生被學校開除了,而鄰居也因為他時常做出令人震驚的事情,而不允許孩子和他一起玩耍。

　　但幸好愛迪生的父母並沒有放棄自己的孩子,他們認為孩子雖然調皮,但是卻具有強烈的好奇心和探索欲。於是,愛迪

Chapter3　順應天性，激發孩子的潛能與創造力

生的母親成為他的老師，教孩子相關知識，並且用寬容的態度來引導教育他。正是因為愛迪生的父母正確地看待了孩子的調皮行為，尊重了孩子的天性，才為愛迪生走上發明創造之路打下了基礎。雖然時代進步，人們的觀念也發生了翻天覆地的變化，可很多父母教育孩子的方式卻沒有太大的進步。在現實生活中，很多父母認為孩子調皮淘氣是不好的行為，一看到孩子的淘氣行為就嚴厲地制止，這都是教育方法和觀念的錯誤。

事實上，在對待調皮淘氣的孩子這件事情上，西方國家的父母和亞洲國家的父母持完全不同的態度。當我們總是教育孩子要聽話，總是制止孩子淘氣行為的時候，西方國家的父母卻給予了孩子充分的自由，任由他們頑皮淘氣，甚至是特意花錢來培養他們的調皮行為。

這是因為在他們的觀念中，孩子的天性是不能扼殺的。對孩子的淘氣行為一味地制止和壓抑，不但沒有教育意義，還會讓孩子失去快樂、自由。一旦孩子聽話了，不淘氣了，快樂就被遏止了，童真就消失了，還失去了好奇心和創造力。

所以，父母不能把調皮與淘氣當成是衡量孩子好壞的標準，更不能常常加以阻止，甚至打罵孩子。適當地鼓勵孩子的調皮行為，不壓抑、扼殺孩子愛玩的天性，這才是父母對於孩子最好的教育。

當然，如果孩子的行為超過限度，我們就不能聽之任之

了，否則就會讓孩子染上不良習慣，把調皮行為變成是有意識的不良行為。尤其在大是大非的問題上，父母更不能讓步，比如孩子故意打同學，或是在公共場合搞破壞等。

破壞力背後隱藏著創造力

為孩子新買的電動汽車，被孩子拆得七零八落；生日時送給他的工藝品小木船，也被孩子拆解成一塊塊……

這幾乎是絕大部分家長都會遇到的情況，孩子的「破壞力」真的讓人頭痛。那麼身為父母，我們要怎麼應對孩子的破壞行為呢？大聲喝止，還是耐心地勸導，以便孩子之後不會隨意地破壞玩具或是有價值的東西？

不！我們為什麼不淡定一些，讓孩子適當地保持著這種「破壞力」呢？事實上，孩子的這種破壞行為都是無意的行為，由於孩子的自我意識開始迅速發展，好奇心越來越強烈，所以，他們開始按照自己的思維和想法去認知和探索這個世界。他們對很多東西都非常好奇，喜歡研究它們到底是怎麼回事。

在「搞破壞」的過程中，孩子滿足了自己的好奇心，也懂得了很多道理，享受了很多樂趣。所以，身為父母，滿足孩子的好奇心，讓他們在「搞破壞」中思考、提高創造力，豈不是一件兩全其美的好事？

Chapter3　順應天性，激發孩子的潛能與創造力

　　林林是一個九歲的男孩，平時最喜歡調皮搗蛋，不知道摔壞了多少東西，弄壞了多少玩具。看看他的玩具箱吧！沒有一個玩具是完整的，小汽車被拆掉了輪子，不倒翁「狗狗」被鑿開了肚子，音樂盒也被弄得七零八落……凡是讓他感到好奇的東西，都逃不了被拆卸的命運。

　　可偏偏林林的爸爸是一個生活嚴謹、做事刻板規矩的人。他實在不能忍受林林每天把好好的東西給弄壞，更不能忍受孩子整天不知疲倦地拆東西。儘管爸爸沒少教訓和打罵他，可不管爸爸怎麼打罵，林林就是改不了這個毛病。於是，性格迥異的兩父子每天都發生爭執。

　　爸爸非常喜歡在夜晚觀看星空，感受宇宙的浩渺與神祕。一天，他購買了一個新的天文望遠鏡，當天晚上還帶著林林觀看了獵戶座和天秤座。結果，第二天下班回來，爸爸就看到望遠鏡被林林大卸八塊了，各種零件散落了一地。

　　爸爸立即暴跳如雷，把林林拎起來痛罵，還準備動手打他一頓。

　　這時候，林林媽媽攔住了他，勸說道：「你這樣對待兒子，實在是太過分了！」

　　爸爸火冒三丈地說：「是他過分還是我過分！妳看看，我新買的望遠鏡被他弄成了什麼樣子！」

　　媽媽耐心地說：「孩子就是好奇心重，想要研究這東西是

怎麼回事。」

「這並不是第一次，妳看看家裡的東西哪一個沒被他拆過，哪一個玩具是完好的？這一次就更加過分了，這望遠鏡是我花好幾千元買的，昨天才用了一次，竟然就被他拆掉了。難道這還不能教訓嗎？如果不好好地教訓他，恐怕哪一天他就拆房子了！」

可媽媽卻沒有做出讓步，繼續勸說道：「林林是喜歡搞破壞，但是你認為一個望遠鏡、一些小玩具比孩子更重要嗎？每個小孩子都是有好奇心的，他們搞破壞只是為了滿足自己的好奇心，如果你一味地制止、打罵，恐怕就扼殺了孩子的天性，扼殺了又一個『愛迪生』。」

爸爸的怒氣還是沒有消除，氣憤地說：「妳不要替孩子找藉口，他就是太頑皮了。」

這時，一旁的林林哭著說：「我不是故意要弄壞望遠鏡，我只是想看看，它為什麼這麼神奇……」

聽了林林的話，媽媽繼續說：「孩子搞破壞，這是有求知欲和想像力的表現。我們應該做一個明智的父母，保護孩子的好奇心和想像力，給孩子思考和探索這個世界的機會，否則只會扼殺了孩子的創新和想像力。」

這番話給了林林爸爸很大的觸動，他感慨道，雖然自己生活穩定舒適，可骨子裡卻始終缺少創新和想像力。一旦自己在

Chapter3　順應天性，激發孩子的潛能與創造力

這件事情上不理解孩子，那麼孩子豈不是也會成為另一個自己？當天晚上，他就來到了林林的房間，對林林說：「林林，之前爸爸時常因為你『搞破壞』而打罵你，現在爸爸向你道歉。我知道你好奇心強，想要研究這些東西，以後我不會再打擊你的好奇心。但是你也應該記住，不能隨意地亂拆東西，除非你能保證可以重新安裝好。而且，如果你有問題也可以問我和媽媽，我們會和你一起解決。」

聽了爸爸的話，林林笑著答應了。在之後的日子裡，林林和爸爸不再水火不容，兩個人還一起組裝以前拆掉的東西。在這個過程中，爸爸才發現自己的孩子頭腦非常聰明，手指也非常靈巧，竟然修好了大部分玩具。而林林也不再隨意拆掉貴重的東西了，而是透過請教爸爸媽媽、查找書籍和網路來滿足自己的好奇心。

幸好林林的爸爸改變了自己的教育方式，否則一個充滿創造潛力的孩子，就會因為他的打擊和制止而停止了創造性的舉動。所以，當孩子出現破壞性行為的時候，父母不要心疼那些玩具，動不動就把孩子狠狠地訓斥一頓，而應該把關注點放在孩子的好奇心和探索欲上。

只要我們能夠尊重孩子的天性，積極正確地引導孩子，發掘孩子的想像力和創造力，那麼就可以把孩子的「破壞力」轉化為「創造力」，培養出一個富有想像力、動手能力強的孩子。

支持孩子的奇思妙想，打開想像的天窗

美國一個權威諮詢機構調查結果顯示，孩子在 1 歲時，想像力和創造力高達 96％；可是隨著孩子年齡的成長，想像力和創造力會逐漸下降，到了 7 歲以後就會急遽下降；到 10 歲時，絕大部分孩子的想像力、創造力僅僅剩下 4％。

不得不說，這種情況的發生與父母的教育有很大的關係。在孩子的成長過程中，父母或許是出於安全考慮，或許是出於大人思維的角度，對於孩子的異想天開總是持反對態度，對於孩子各種奇特玩法總是採取限制的辦法。結果孩子是越來越聽話了，可想像力和創造力也受到了打擊和遏制。

老舍先生曾經說過，在沒有孩子的時候，一個人的世界還是未曾發現美洲的時候。孩子是哥倫布，帶領人類到新大陸去。孩子的想法往往要比成人更新穎和奇妙，更具有想像力和創造力。很多時候，孩子的異想天開最大限度地開拓了他們的思維空間，這也是一些想法奇特的孩子能夠解決一些生活中難題的重要原因。身為家長的我們不應該限制孩子，不管他們的想法多麼異想天開，言行多麼荒唐透頂，都不應該敷衍、隨便地對待。相反，我們應該走進孩子的世界，支持他們的異想天開，然後再積極的啟發與引導。如此一來，孩子的創造性表現才能得到充分的肯定，孩子的想像力和創造力才能得到更好的發展。

Chapter3　順應天性，激發孩子的潛能與創造力

很多人對於史豐收這個名字並不是非常熟悉，可是提到速演算法，卻沒有人不知道。史豐收就是現代速演算法的創始人，他的速演算法不僅打破了幾千年來古今中外從低位算起的計算習慣，還使得計算速度超過了計算機。因此，史豐收和他的速演算法受到了國際的關注。

史豐收穫得的成績就得益於他小時候的異想天開，更得益於家長和老師對其想法的鼓勵和支持。小時候，史豐收總是做一些非常離譜的事情，說一些異想天開的話。他曾經把凍死的兔子放在熱炕上，想把牠救活；他曾經問大人為什麼人會死，而死了的人為什麼不能復活；在課堂上，他也喜歡問一些奇怪的問題。

上學的時候，老師教孩子們識字寫字，並且告訴大家「大小」是一對反義詞。同學們都按照老師的要求，寫好了「大──小」，可他卻非要把「小」字寫成「十」字。老師對他說：「孩子，你寫的『小』字是錯誤的，那個字念『十』。」但是，史豐收卻不解地問：「老師，您說『大小』是一對反義詞，『大』字是兩條腿向外伸得大大的，那麼『小』字就應該把兩條腿向中間縮得小小的啊，所以我寫得並沒有錯誤啊！為什麼『小』字就不能那麼寫呢？」他的一番解釋讓老師感到又好氣又好笑。

十歲的時候，他開始學習加減乘除的運算。當老師講課的

時候，他站起來提出了一個離經叛道的問題：「老師，我們讀數字、寫數字都是從左到右的順序，為什麼運算的時候就非要倒過來，按照從右到左的順序呢？」

老師已經習慣了他的異想天開，便耐心地解釋說：「孩子，自從人類發明數字和計算以來都是從低位算起的，這是古人總結的經驗。幾千年來，人們都是這樣計算的。」

史豐收還是不死心，繼續問道：「那麼我們可不可以從左到右、從高位到低位來運算呢？」

他的話讓同學們哄堂大笑，老師則微笑著說：「我倒希望你能研究發明從左到右的計算方法，如果你成功了，那麼就會像你的名字一樣獲得巨大的豐收了，並且還可以成為出色的數學家。」

老師的話給了史豐收巨大的支持和鼓勵，使得他少年的異想天開得以持續下去。在那個年代，他把自己的想法投入到了實際研究之中，開始反覆地研究從左到右的反方向計算的可能性。

而孩子的異想天開也得到了家人的支持，父親買來了一卷草紙供他演算，奶奶也隨時準備為他「服務」。後來，由於家庭條件的影響，父親再也買不起草紙，於是他就開始在地上、牆上寫，有時還在自己的手上寫。晚上睡覺的時候猛地想起什麼，他就立即叫醒奶奶為自己點燈，然後在本子上記下自己的

Chapter3　順應天性，激發孩子的潛能與創造力

想法。

到了四年級的時候，史豐收就發明了普通數學從高位到低位的快速計算方法，並且總結出了自己的速算口訣。每次上數學課的時候，老師一寫出算式他就能說出正確答案。從此之後，同學們和周圍的人再也不說他是「胡思亂想」、「精神不正常」了，反而開始稱他為「小神童」。

最後，經過多年的深入探索，他終於研究出了速演算法則，運算速度超過了計算機，而他也成為家喻戶曉的名人。

人類有思考才能進步，有創造才能發展，而這前提就是擁有無限的想像空間和思維能力。正因為如此，我們才不能扼殺孩子的想像力和創造力，支持和鼓勵孩子的異想天開。而支持了孩子的異想天開，就等於給了孩子一個五彩繽紛的世界，就等於給了他們想像創新的空間。如此，孩子才能充分地發掘自己的潛力，在自己夢想的藍天上飛翔。

孩子天生會模仿，成長從觀察開始

隨著一天天長大，三歲的多多模仿能力越來越強了。媽媽帶著他到醫院檢查身體，看到了生病的老爺爺在咳嗽，他竟然也摸著胸口、扶著後背，「喀喀喀」地學了起來。這惹得周圍的人大笑不止，而媽媽則非常尷尬地向老爺爺道歉。

看到超市的服務生在拿著電蚊拍打蒼蠅，於是到家之後，他也找來了一個羽毛球拍，追著蒼蠅亂跑。

和玩伴寧寧一起玩耍，寧寧說了一聲「臭屁屁」，他也就學了起來。看到樹葉就指著樹葉說：「這樹葉是臭屁屁。」看到小汽車就指著小汽車說：「這汽車是臭屁屁。」回家看到爸爸之後，他還學著寧寧一臉壞笑地說：「爸爸就是一個臭屁屁。」

一天早上，爸爸看到多多手裡竟然拿著自己的刮鬍刀，正想要刮自己的臉。爸爸立即制止了他，問道：「多多，你在做什麼啊？」

多多認真地說：「爸爸，我正在刮鬍子呢！」

爸爸嚇得立即搶過多多手中的刮鬍刀，大聲說道：「你一個小孩子刮什麼鬍子！以後不要這樣了，否則會受傷的！」

多多不服氣地說：「我和爸爸學的啊！你每天不是刮鬍子嗎？」

爸爸嚴厲地說：「你一個小孩子亂學什麼啊！以後不准你再亂學大人！」

這下，多多可被爸爸的嚴厲嚇壞了，哭著跑去找媽媽了。

每一個孩子都是天生的模仿家，可是很多父母都不理解這句話。不然，多多的爸爸怎麼會這樣對待孩子的模仿行為呢？事實上，像多多爸爸這樣的家長是非常普遍的，他們覺得孩子的模仿行為是幼稚的、危險的，或是讓自己感到丟臉，於是通

089

Chapter3　順應天性，激發孩子的潛能與創造力

常一律禁止。

然而，模仿是孩子的天性，更是孩子進行學習的第一步。嬰幼兒專家認為，孩子的這種模仿行為是自出生之時就具備的，比如出生不久的孩子就會模仿大人伸舌頭、眨眼睛等動作，而之後他們會透過模仿來學習各種事情，並且摸索和研究這個世界。而在六歲之前，孩子正處於模仿敏銳期，對於任何事情都會有模仿的欲望和敏銳。

一旦父母制止了孩子的模仿行為，就會激起孩子的反抗，還會破壞孩子敏銳期的正常發展。同時，這還會讓孩子失去了解世界、探索世界的能力，從而妨礙孩子智慧和認知的發展。

因此，即便在孩子模仿的過程中，有時會讓人啼笑皆非，或許犯下小錯誤，惹下了小麻煩，比如模仿媽媽洗臉的時候，把自己的衣服弄得溼漉漉的；模仿大人洗衣服的時候，浪費了很多洗衣精，還把水弄得滿地都是。家長們也不要太在意孩子行為的失敗和不足，或是剝奪孩子下一次嘗試的機會。

不管孩子是成功還是失敗，對於孩子的模仿行為，父母都不妨一笑而過，或許還可以鼓勵孩子說「寶貝，你真棒」，以便激發孩子模仿的興趣。畢竟與保持孩子天性、培養孩子的智慧和獨立性相比，這些小錯誤和小麻煩又算得了什麼呢？

更何況，在孩子的眼中是沒有什麼是非觀念的，分不清什麼是「好事」、「壞事」。只要他們對這件事情感興趣，只要他們

看到大人時常這樣做，就會進行模仿。正如瑪利亞・蒙特梭利所說的：「孩子每一次的成長，都是從模仿大人開始的。」

大人時常在家裡發脾氣、說髒話，那麼孩子也會情緒失控，出口不敬；大人不愛收拾打掃，把家裡弄得亂糟糟的，那麼孩子也會把東西到處亂丟，生活毫無條理和秩序；大人對別人沒有禮貌，不尊重老人，那麼孩子也不會尊重父母，更不會感恩父母的付出和關懷。

正因為如此，尊重和鼓勵孩子的模仿行為，並且利用孩子對於模仿的敏銳，促使孩子形成良好的生活習慣和品格德行，才是身為父母最重要的任務，也是父母對於孩子最好的教育。

所以說，在孩子的模仿敏銳期，父母要注意自己的行為舉止，強化自己的良好行為習慣。只要做到了這一點，即便不時常對孩子講大道理，他們也能學著父母的樣子，從而慢慢地養成並保持好的言行舉止。

過分聽話，可能是壓抑天性的表現

知名心理專家曾指出，家庭教育普遍存在著三個問題，那就是聽話、傷害和溺愛。

確實如此，「聽話」可以說是華人家庭教育最關鍵的詞語之一。父母們誇獎孩子的時候，最喜歡誇「這孩子真聽話！」、

Chapter3　順應天性，激發孩子的潛能與創造力

「你真是一個聽話的好孩子！」培養一個聽話的好孩子，也成為很多父母的目標。他們認為好孩子就應該聽父母的話，循規蹈矩、不調皮搗亂、不反叛父母。甚至有些父母誇張地認為，只要你是我的孩子，不管你多大年紀，哪怕已經成了家，哪怕已經有了自己的孩子，你還是要聽父母的話。

關於這一點，心理專家講了一個令人印象深刻的故事。

當時他在報社工作，開闢了一個關於傾訴的專欄。一天，他收到了一個女孩的郵件，說自己和男朋友已經談了三年戀愛了，兩人感情非常好。但是女孩的媽媽卻堅決反對兩人在一起，最後竟然以死相逼，讓女孩和男朋友分手。一邊是深愛的男朋友，一邊是同樣深愛的母親，這個女孩不知道怎麼選擇，說自己非常痛苦。

為了幫助女孩解決這個問題，心理專家約了她和媽媽在一家安靜的西餐廳見面，想要了解媽媽究竟是怎麼想的。

他問女孩的媽媽：「您為什麼要反對女兒和男朋友在一起呢？有什麼理由嗎？」

女孩的媽媽說：「我女兒長得這麼漂亮，我覺得那個男孩根本配不上她。」聽了媽媽的話，心理專家非常直接地說：「說實話，不怕您生氣。我覺得您的女兒真的說不上多麼漂亮，最多只能算長得端正。您怎麼會覺得兩人不相配呢？」這位媽媽聽了心理專家的話，立即給出了第二個理由。她說：「他們兩

過分聽話，可能是壓抑天性的表現

人在學歷上有很大的差距，我女兒學歷這麼高，那個男孩學歷那麼低，兩人怎麼會相配呢？」可據心理專家了解，兩人的差距並不是非常大，女孩是大學學歷，男孩是專科學歷。而且，就現在的工作和收入來說，男孩明顯比女孩更具有優勢，收入是女孩的三倍。

眼看自己的理由都被心理專家駁倒了，這個媽媽突然陷入了一種歇斯底里狀態，她大聲地喊道：「她之前是一個聽話的孩子，什麼都聽我的，就是我的貼心寶貝！可是她竟然為了那個男孩和我作對。她背叛了我！之前，她答應過我，什麼事情都會告訴我，結果她竟然偷偷地談戀愛。要不是被我發現了，她還想要瞞我更久！」

最後，這個媽媽憤怒地喊著：「她騙我！她背叛了我！」

直到這時，心理專家才明白了這個媽媽拚命反對女兒戀愛的原因──女兒沒有聽媽媽的話！因為媽媽習慣了讓女兒聽自己的話，一旦女兒「不聽話」了，這位媽媽就無法忍受了。她想要贏回那個事事順從自己、聽自己話的女兒，所以不惜一切代價來阻止女兒戀愛，甚至不顧女兒是不是幸福。

結果，這個女孩還是聽了媽媽的話，和心愛的男朋友分手。但是她也學會了反抗，不再為了聽媽媽的話而壓抑自己──她選擇了離開自己的媽媽，到一個新的地方重新生活。

這是一個悲傷的故事，就是因為這個母親要求孩子過分

Chapter3　順應天性，激發孩子的潛能與創造力

「聽話」，結果讓孩子失去了幸福，也讓自己失去了孩子的愛。女孩和母親之間再也回不到曾經的親密、貼心了！

　　然而，現實生活中，類似的故事卻時常在我們身邊發生。不妨想一想，培養聽話的孩子真的是我們的目標嗎？聽話的孩子真的是「好」孩子嗎？這樣的孩子確實聽話乖巧、循規蹈矩，可是不是也缺少了自由的成長、天然的本性呢？

　　過分「聽話」的孩子，在家絕對聽父母的話，在學校絕對聽老師的話。長大了之後，他們也會習慣聽別人的話，任憑別人指使和控制。即便他們內心有自己的想法，他們也不敢或是懶於表達和反抗，久而久之，使得自我和天性受到了極大的壓抑。

　　很多時候，他們習慣忽視自己的真正需求，用壓抑自己的形式來迎合和配合父母，就是為了得到「你是一個好孩子」、「你是一個聽話的孩子」這樣的評價。比如他不喜歡彈琴，習慣和朋友們一起踢足球，可是面對父母「你今天下午應該好好彈琴」的要求，他往往會壓抑想要踢球的想法，強迫自己坐在房間裡「努力」地練習彈琴。

　　結果呢？他的內心需求沒有得到滿足，真正的欲望受到壓抑，以至於根本無法獲得快樂感和滿足感。時間長了，孩子就會變得越來越自卑、孤獨，從而失去了生命的真實感。而且他會習慣為了別人的眼光而活著，甚至喜歡透過討好別人來獲得

所謂的支持和讚賞。

　身為父母，我們應該明白一個道理，孩子的「不聽話」是天性的使然。如果為了所謂的「為了孩子好」逼迫孩子聽話，就會壓抑孩子的天性，對孩子的心理健康和未來成長都帶來巨大的傷害。

　更何況，很多父母讓孩子「聽話」，並不是真的為孩子好，而是為了滿足自己掌控孩子的目的，獲得一種內心的滿足。

　過分「聽話」，孩子就會嚴重壓抑自己的天性。因此，我們要允許孩子的「不聽話」，尊重他們的個性和選擇，尊重他們的需求和想法。如此一來，孩子才能早日成為一個獨立的個體，獨自面對生活和挑戰，成長為真正優秀的人才。

「好動」其實是一種專注的力量

　觀察孩子的一天，當孩子早晨睜開眼睛後，他們便會不停地動，沒有一刻停歇的時候，直到晚上睡著了，才安靜得像一個天使。這麼看來，孩子就像一個電動小馬達，一旦啟動，就會不停地轉，除非按下關閉按鈕，否則怎麼都停不下來。

　孩子的好動體現在哪裡呢？比如，孩子會拿著一架玩具飛機模擬飛行數小時而不疲憊；孩子會因為抓到一隻昆蟲，與昆蟲上演一場歷險記；孩子會因為想要某樣東西，纏著媽媽說上

Chapter3　順應天性，激發孩子的潛能與創造力

一整天等等。有時候，因為孩子太好動，很多父母甚至會懷疑孩子得了過動症。其實，好動是孩子的天性，這樣的好動是孩子成長過程中的正常表現。

孩子的好動，是因為要消耗身上過多的精力，而成年人不再好動，是因為忙碌的工作與生活將充沛的精力消耗殆盡。然而，孩子好動時，父母總會相伴於左右，這就使父母對孩子的好動往往力不從心，甚至會因為太過疲勞對孩子心生不滿，繼而訓斥、責罵孩子。其實，好動是每個孩子的優點，父母可以遵從孩子好動的天性，把孩子的「好動」轉化為「專注」。

小柏七歲，是一個非常好動的小男孩。這一天，小柏的媽媽要去閨蜜家做客，小柏聽到後，便纏著媽媽也要跟去。一路上，好動的小柏將媽媽折騰得筋疲力盡。

搭公車時，明明有空座位，小柏偏偏不坐，反倒是去抓車上的扶手。可是又因為個子矮抓不到，便踮著腳或是跳起來，這樣危險的舉動惹來車上乘客和司機的勸說，小柏媽媽也感到無比羞愧，好說歹說一番後，才讓小柏坐在了她旁邊的位置上。

然而，小柏沒有安靜幾分鐘，他又發現了好玩的事。他將藏在口袋裡的蠟筆拿了出來，在車窗上畫起了卡通人物。等媽媽發現，小柏已經畫了好大一片了。媽媽訓斥了小柏一番，並讓小柏用溼紙巾將玻璃上的畫擦掉。

起初,小柏確實在認認真真地擦,但擦著擦著,他的心思就變了。他發現玻璃上的蠟筆遇到水後,會變成顏料,於是用紙巾蘸著顏料在玻璃上畫起了抽象畫。小柏的舉動把媽媽氣得夠嗆,為了不讓孩子越弄越亂,只好自己動手將玻璃擦乾淨。

這邊,小柏媽媽剛擦乾淨玻璃,小柏又做了一件壞事,他將前座女乘客的頭髮偷偷綁在了座椅上。小柏媽媽立刻讓小柏道歉,並將他狠狠訓斥了一番。

搭了這班公車一個半小時,小柏一刻都沒有停歇,而媽媽也跟在小柏後面處理他做的「好事」,整個人累得夠嗆。等到了閨蜜小秦的家中,小柏媽媽像是被抽走了力氣,一下子躺在了沙發上。

至於小柏,打過招呼後,便和小秦的兒子小毅一塊玩耍去了。

小秦問小柏媽媽怎麼那麼累,小柏媽媽將路上發生的事一股腦地傾訴給小秦聽。末了,小柏媽媽看了眼在翻箱倒櫃找玩具的小柏,又看了眼在安安靜靜用積木堆城堡的小毅後,她嘆了口氣,羨慕地說:「唉,要是小柏有小毅一半安靜就好了。」

小秦聽後,不禁笑著說:「不用羨慕,說起來,我家小毅比小柏還好動。妳沒看到嗎?從妳進來後,就一直在堆積木。」

小柏媽媽不解地說:「堆積木好哇,不僅可以鍛鍊孩子的

Chapter3　順應天性,激發孩子的潛能與創造力

動手能力,還能訓練孩子的專注力。我倒是希望小柏能在這方面好動呢!」

小秦說:「其實,小毅從前也好動,每天都闖禍。後來,我去聽了一個關於『孩子好動』的名師講座,了解到好動其實也是孩子的一個優點。只要透過正確的引導,可以將孩子的好動轉化為一種專注力。」

「該怎麼引導呢?」

「就是讓孩子的興趣愛好與好動結合。就比如小毅,他對空間特別感興趣,於是,我替他買了各式各樣的積木,讓他用堆積木的方式消耗他多餘的精力。而他也對堆積木非常感興趣,不知不覺就能堆上數個小時,堆積出了很多意想不到的城堡模型。而這就是將孩子的好動轉化為專注的一個過程。」小秦說。

小柏媽媽聽後若有所思,她按照小秦說的,找出了小柏對邏輯感興趣的愛好,為孩子準備了很多魔術方塊玩具。小柏像是發現了新大陸,一發不可收地愛上了魔術方塊。小柏將好動轉移到了魔術方塊探索上,他雖然依舊好動,但不是媽媽眼中那種調皮搗蛋似的好動了。更讓小柏媽媽意想不到的是,小柏在做其他事情時,也變得越來越有耐心。

同一件事,站在不同的角度去看,得到的看法就不盡相同。同樣,父母認為孩子身上的缺點,其實也可能是一種優

「好動」其實是一種專注的力量

點，關鍵在於是否會合理轉化。孩子的好動是天性，是與生俱來的。那麼，它的存在自然有它的意義。

身為父母，在面對孩子好動的天性時，首先要做的不是扼殺孩子好動的天性，而是要合理利用孩子好動的天性。父母可以從孩子的興趣愛好入手。事實上，不僅是孩子，任何人面對自己喜歡的事情時，都會顯得專注而有耐心。將孩子的好動引導到孩子的興趣愛好上，不僅能消耗孩子多餘的精力，還能培養孩子的專注力，對孩子有百利而無一害。

精雕細琢的玉石，雖然很美，但卻失去了自然的靈性。極致的都是天然的，所以世界上最完美的玉石應該是自然產生的玉石。同樣的，孩子真正的優秀也並不是父母刻意培養出來的，而是順應天性發展而來的。不要將孩子的好動當成缺點，它是孩子的一種天性，順應其天性，孩子才能變得優秀耀眼。

Chapter3　順應天性，激發孩子的潛能與創造力

Chapter4
傾聽是橋梁，
與孩子建立真正的連結

　　看到孩子抱怨、生氣、發脾氣⋯⋯不少父母會大聲吼叫，橫加責罵，如此孩子就會「聽話」了嗎？未必。孩子煩，大人也累。其實孩子聽不聽話，關鍵在於父母會不會「聽話」。

　　多與孩子聊聊天，了解孩子的心事，體諒他的不安、糾結、失望⋯⋯父母「會聽話」，孩子就聽話，隨後的教育也會在潤物無聲中完成，這比大吼大叫管用 100 倍。

Chapter4　傾聽是橋梁，與孩子建立真正的連結

孩子的話語有分量，才能讓他感覺被重視

「媽媽，我們要去哪裡？」媽媽沒有回答。

「媽媽，我想去遊樂場玩一下。」

「不行。」

「那我們可以去廣場看小丑表演嗎？」

「不行！妳怎麼那麼多話呢！我都快被妳煩死了！」小女孩低著頭不再說話，默默地跟在媽媽身後。

如果在街上看到這樣一幅場景，身為父母的我們，心裡有什麼感受？相信很多父母都很氣憤媽媽這種刻意忽視、不耐煩的行為，也會為小女孩的被拒絕和失落感到心疼。現在，將目光放在我們與自己的孩子身上，曾幾何時，我們是否也對孩子忽視或做出過不耐煩的舉動呢？

當孩子鼓起勇氣對父母提出一個不過分的小要求，身為父母的我們是怎麼處理的？是幫孩子實現，還是忽視拒絕？一次、兩次的否決，對健忘的孩子來說並沒多大影響，因為過一段時間，他們就會忘記這些不愉快的記憶，依舊是一個天真活潑的孩子。可是，當孩子被拒絕十次、百次、千次呢？孩子的心是敏感的，自尊是脆弱的，這麼多次的拒絕無疑會對孩子的心靈留下不可磨滅的傷害。

從客觀上看，這樣的孩子會給我們一種「人微言輕」的感

孩子的話語有分量，才能讓他感覺被重視

覺。什麼是人微言輕，就是沒有地位，說話沒有分量。在現代家庭中，很多孩子其實都是處於一個人微言輕的地位，只不過許多父母都沒有認知到這一點。但父母需要明白，正是因為父母讓孩子言輕，孩子才會變得人微。而長期讓孩子處在「人微言輕」的環境中，會帶給孩子許多危害。

首先，會令孩子自卑。當孩子和父母說話時，每一次回應他的不是拒絕，就是無視，會令敏感的孩子思考：我的爸爸媽媽是不是不喜歡我？可是如果喜歡我，為什麼又不聽我說呢？長此以往，孩子會沉浸在自己的小世界裡，變得不敢說話，不敢與外界接觸，從而變得自卑與內向。

其次，會令孩子叛逆。有一個電視節目講述的是城市小孩到鄉下小孩的家中生活一段時間，鄉下小孩去城市小孩的家中生活一段時間。通常情況下，城市小孩都很叛逆，性格偏激易怒，而鄉下小孩則聽話懂事。

其中有一集，節目組邀請了一位非常帥氣的城市小孩。孩子的爸爸媽媽都是高知識分子，家境非常優越。然而，這樣一個優越家庭環境教育出來的孩子渾身上下都是毛病。孩子小小年紀就輟學，抽菸，沒禮貌，對父母咆哮等等。

有一次，孩子和他的父母發生了爭吵。孩子問：「你們給了我什麼了？」爸爸回答：「給你吃，給你穿，給你用了。」孩子又問：「那你們有給我愛嗎？」這句話讓孩子的父母啞口無言。

103

Chapter4　傾聽是橋梁，與孩子建立真正的連結

原來，孩子對自己的未來很有想法。他有自己想努力考上的學校，有自己特別喜歡的專業科目，有自己很喜歡的興趣愛好，有想要交往的朋友，有想要去冒險的地方⋯⋯然而，每當他向父母提出自己的想法時，得到的都是父母的否決和父母為他規劃好的一切。

父母每一次的否決與無視，造成了孩子的人微言輕。孩子在這樣的環境中會非常壓抑，繼而會用憤怒與叛逆的方式與父母對抗。

此外，還會打擊孩子的主動性。主動性對孩子是非常重要的，它可以支撐孩子去獨立學習，獨立思考，朝向著光明積極向上。但主動性又特別脆弱，父母的每一次否決與無視都是在削弱他們的主動性。缺少主動性，孩子的生活是灰暗的。意識到孩子在「人微言輕」的環境中生活的危害後，父母又該如何為孩子營造一個積極向上的環境呢？

父母要尊重孩子，給予孩子平等的話語權。孩子如果有話說，父母不妨聽一聽孩子要說什麼。如果孩子說的話合理，不妨順從孩子；如果孩子說的話不合理，可以用適合的方式去勸導孩子。絕不能站在比孩子高的高度上，對孩子說一些諸如「你知道什麼」、「你什麼也不懂」、「你亂插什麼嘴」等這類打擊孩子自尊心、傷害其心靈的話。孩子雖然年紀小，但他們的心有時候比成人還敏銳，這些話在他們心裡有時候會存在一輩

子。所以，不想孩子人微言輕，首先就要給予孩子基本的尊重與話語權。

父母要耐心對待孩子，與孩子多交流。不可否認，現今社會是一個競爭激烈的社會，在外工作了一天，身體、精神無疑是疲憊不堪的，但這並不是我們用來忽視或喝斥孩子的理由。哪怕再忙再累，也要耐心地對待孩子，要耐心地聽孩子說，耐心地對孩子說。多多與孩子交流，才能讓孩子感受到父母對自己的關注，繼而感受到愛。

著名哲學家柏克萊（George Berkeley）說過：「存在即是被感知。」想讓孩子有存在感，就要聆聽孩子的言語，觀察孩子的表情，理解孩子的感受。只有父母看重孩子，孩子才不會感覺人微言輕。

不急著評判，先聽聽孩子的想法

當別人指責我們做錯了一件事時，我們會急切地想要去說。說些什麼呢？會說一說這件事情我們做錯的原因；會誠懇地說一句對不起，並保證以後不會再犯錯；會為自己辯解一番，說明這件事不是我們做的⋯⋯所以，當別人或是我們自己指責孩子做錯一件事時，你會給予孩子說話的權利，聽一聽孩子的解釋嗎？

Chapter4　傾聽是橋梁，與孩子建立真正的連結

　　孩子犯錯並不是一件可怕的事，相反，犯錯可以讓孩子牢記犯錯的原因，並記住以後不會再犯。事實上，可怕的是我們父母，不管孩子做得對與錯，逮住孩子就是一頓訓斥，不給孩子說話的權利，也不聽孩子說一說原因。

　　如果孩子真的做錯了，溫和地教導一番也無妨，可若是孩子沒有做錯呢？那我們的訓斥無疑會像一把尖刀，扎在孩子委屈的心上。

　　丁丁是一個六歲的小男孩，他最喜歡的就是媽媽了，可就在前幾天，他哭著推了媽媽一下，並大聲地對媽媽說：「媽媽，妳是個大壞蛋！我以後再也不喜歡妳了！」於是接連好幾天，他都沒有再理媽媽。

　　丁丁媽媽當時以為孩子在耍脾氣，並沒有找孩子聊一聊。直到最近幾天，她發現孩子對她不理不睬，就算她主動上前與丁丁說話，丁丁也會跑開。

　　丁丁爸爸發現丁丁媽媽與孩子之間的矛盾後，就詢問丁丁媽媽那一天發生了什麼事。

　　丁丁媽媽說：「那一天，我在廚房做飯，讓丁丁幫忙照看一下妹妹。也不知道丁丁是怎麼照顧的，讓妹妹一直哭個不停。我被吵得心煩意亂，就對丁丁說了一句：『你是不是欺負妹妹了？怎麼老是把妹妹惹哭？』然後丁丁突然大哭起來，跑回自己房間，並說以後再也不喜歡我了。」

「丁丁那麼喜歡妹妹，從前也沒見他欺負過妹妹呀！」丁丁爸爸皺著眉頭說，然後又問丁丁媽媽，「妳當時有沒有問丁丁為什麼惹哭妹妹？」

「這個倒沒有。」丁丁媽媽覺得，當時就丁丁和妹妹在一起，惹哭妹妹的應該就是丁丁了。

「我不否認妹妹是丁丁惹哭的，但他惹哭妹妹的原因是什麼呢？妳有沒有聽他解釋呢？既然丁丁當時哭了，而且還說再也不喜歡妳了，那丁丁一定是受了很大的委屈。我覺得，不管孩子做的事是對還是錯，我們都該聽聽他們那樣做的原因。」丁丁爸爸說。

丁丁媽媽聽後，覺得丁丁爸爸說得很有道理，也不禁後悔當時沒有聽一聽孩子的解釋。

當天晚上，丁丁爸爸讀睡前故事給丁丁聽，見氣氛不錯，丁丁爸爸就提起了前幾天發生的事。丁丁聽後，沉默了一會兒，他含著眼淚委屈地對爸爸說：「那天，妹妹老是將小積木放在嘴裡，積木上有好多細菌，我怕妹妹吃了細菌會拉肚子，就將積木從她手裡拿走。可是我一拿走，妹妹就大哭。然後她又拿另外的積木含在嘴裡，我拿走後她又哭。就這樣連續哭了好幾次。」

「然後妹妹的哭聲引來媽媽，媽媽來了也不問原因，不分青紅皂白就訓斥了你一頓。你心裡覺得委屈，所以才哭，才說

Chapter4　傾聽是橋梁，與孩子建立真正的連結

再也不理媽媽了，對不對？」丁丁爸爸問。

丁丁點了點頭。「丁丁，我覺得媽媽經過這幾天的反思一定知道錯了。你看，媽媽不聽你解釋，你就那麼委屈傷心，現在媽媽知道錯了，你不聽她道歉，她也很傷心。」丁丁爸爸耐心開導。

丁丁覺得爸爸說得很有道理，第二天就不再不理媽媽了，而媽媽也向丁丁道歉了，並保證以後不管什麼事都會聽他說一說。

當我們蒙受不白之冤時，內心一定會非常委屈、焦躁，恨不得能立刻向人解釋清楚。內心敏感的孩子，當他們遭受冤枉有口難辯時，內心的委屈與焦躁會放大數倍。這些負面的情緒像是有魔力，它們會操控孩子的思想，不是導致孩子說一些激烈的話，就是導致孩子封閉自己的內心。

就像事例中，丁丁的家庭有兩個孩子。丁丁的心裡有一個小天秤，他會暗暗地掂量父母是喜歡他還是喜歡妹妹，當父母對妹妹的關注多過他時，他的內心會變得敏感而脆弱。所以，當他被冤枉且媽媽不聽他解釋時，他會非常焦躁和憤怒，甚至說出再也不喜歡媽媽這樣的話，可見他當時的內心起伏有多劇烈。

在孩子心中，父母是與他們最親近的人，是他們的參天大樹，他們的心裡話最想告訴的也是自己的父母。而且，孩子是一個有思想且獨立的個體，他們有說話的權利，有表達自己內

心想法的權利。所以，當父母認為孩子做錯一件事時，先不要急著去訓斥孩子，而是要聽一聽孩子怎麼說。當別人指責我們的孩子時，也不要被他人的思想所操控，就不問緣由地訓斥自己的孩子，而是要保持理智，聽一聽孩子講述事情的經過，聽一聽孩子為什麼要這麼做，然後去判斷對與錯。如果孩子做錯了，父母要鼓勵孩子主動道歉。如果孩子沒有做錯，那就要堅定地站在孩子這一邊，讓孩子明白只要他做的是對的，父母會無條件支持他。父母這樣的舉動，還可以加深孩子的是非觀，對孩子以後的成長非常有利。而這也是一個平等、民主的家庭該有的對待孩子的方式。

每一對父母都要有寬容的心，給予孩子說話的權利；每一對父母也該有耐心，聽一聽孩子怎麼說。孩子在這樣的環境中成長，才會變得積極向上、樂觀開朗。

把命令換成對話，讓溝通更有溫度

「不准亂按電梯按鈕！」、「不許在遊樂場裡亂跑。」、「不可以將食物吃剩一半！」

……

淘氣是孩子的天性。然而，許多父母似乎還沒有明白這個道理，以至於看到孩子淘氣、犯錯時，就忍不住用「不准」、

Chapter4　傾聽是橋梁，與孩子建立真正的連結

「不許」、「不可以」等之類含有命令性的詞彙教導孩子。可是，當我們用命令式的語氣教導孩子後，孩子有好好聽話嗎？

一部分孩子當時聽話了，但沒過多久就會再犯，而另一部分孩子根本就不聽話，除非是非常自律且成熟懂事的孩子才會將父母命令式的教導記在心裡。但孩子終究是孩子，他們健忘，玩心重，又有多少能做到成熟懂事呢！父母應該想一想，為什麼孩子會無視我們那些命令式的教導？這主要是因為孩子的反抗心理。

孩子天性喜愛自由，父母命令式的教導就像是一根捆綁住他們身體的藤蔓，想要獲得自由，唯有掙脫藤蔓。所以，孩子會用與父母唱反調、無視、再犯等叛逆行為來從父母這裡獲得自由。只有撫平孩子的反叛，孩子才會真正將父母的話聽到心裡。而撫平孩子反叛心理的關鍵方法就是將我們命令式的教導轉化為平心靜氣的勸導。

李鹿是一名作家，這一天，她約了出版社的編輯到家中商談出版事宜。

元寶是李鹿的兒子，只有五歲，正是調皮搗蛋、愛搞破壞的年紀。所以，在李鹿與編輯談話的時候，元寶不停地在屋子裡亂跑。他從玩具堆裡找到一個小鼓，對著小鼓就是一頓猛拍。

「砰砰砰」的鼓聲立刻打斷了李鹿與編輯的談話。李鹿想也

沒想，對著元寶命令道：「不准再拍小鼓，非常吵！」

元寶見媽媽臉色很嚴肅，就放下了手中的小鼓，跑到墊子上安靜地玩起了自己的變形金剛。可能是孩子健忘，沒過一會兒，元寶就忘記了媽媽的喝斥，他又從玩具堆裡找到了一個小皮球，在地上拍了起來。

皮球與地板相碰撞，發出了巨大的砰砰聲。毫無意外，這一次李鹿與編輯的談話又被打斷了。李鹿皺著眉頭，再次命令元寶：「不許在家裡拍皮球，我對你說過很多次了。」

媽媽的命令讓元寶一愣，他放下皮球，一個人躲在角落裡。可是，沒過多久，他又找到了他的新玩具，是一架小飛機。元寶忘記不開心，他手裡拿著小飛機不停地在屋子裡跑來跑去，想像小飛機在天空飛翔的樣子。然而，他來回跑不僅發出了噪音，還晃得李鹿無法專心與編輯交談。

就在李鹿要再訓斥元寶時，編輯開口阻止了，她笑著說：「妳這樣命令孩子不許做這個、不許做那個是行不通的，妳應該告訴孩子原因，然後再平心靜氣地勸導一番。」說完，在李鹿不解的目光中，編輯又對元寶說，「元寶，阿姨和媽媽要談很重要的事，原本我們可以很快談完，然後陪你一起玩，可是你總是發出各式各樣的聲音打斷我們，讓我們談到現在都沒有談好。所以，為了我們能快點陪你玩，你可以安安靜靜地坐在小墊子上看一會兒書嗎？」

Chapter4　傾聽是橋梁，與孩子建立真正的連結

　　元寶聽後，想了一會兒，放下手裡的小飛機，跑到墊子上看書了。一直到李鹿她們談完，他都沒再發出一點聲響。透過這件事，李鹿也明白了，教導孩子不能一味地命令，有時候平心靜氣地勸導似乎更加有效果。

　　從事例中不難看出，父母命令式的教導不僅沒能讓孩子聽話，還對孩子的心靈造成了一定影響。可見，用命令式的語氣教導孩子沒有絲毫好處。身為合格的父母，就該將那些帶有命令式的話語設為禁語，嘗試著用平心靜氣的語氣去勸導孩子，或是轉移孩子的注意力。

　　父母要怎麼平心靜氣地去勸導孩子呢？首先要確立自己的態度。既然是平心靜氣，那麼態度自然是溫和的，自己的思想也要一片清明。如果態度嚴肅、激烈，思想焦躁混沌，那這樣不是勸導孩子，而是成了訓斥、責罵孩子。其次，勸導時要有條理性。這裡的條理是：你不能這麼做，你這麼做會產生什麼不好的影響，怎麼做才是正確的，做得好可以給予適當的獎勵等等。用平心靜氣的態度且條理清晰的語言勸導孩子，孩子一定會聽從。

　　至於轉移孩子注意力，通常用在孩子固執己見的時候。

　　每一個孩子都有自己的個性，而有些孩子天生就比較倔強固執，哪怕父母再怎麼勸導，孩子都聽不進去。這時候，相信很多父母會被孩子的不聽話、無視激起怒火，繼而訓斥孩子，

這樣做的結果不但不會令孩子順從,反而會令他們更加叛逆。在好好勸導行不通時,只能用轉移注意力的方法來悄悄轉移孩子的負面情緒,等負面情緒消散後,再對孩子好好勸導一番即可。

在所有教育孩子的方式中,命令式的教育方法是最簡單粗暴,也是效果最差的。可以毫不誇張地說,用命令式教育法根本教育不出一個優秀孩子。只有平心靜氣去勸導孩子,孩子才能改變思維,將父母的教導記在心裡。

對孩子講道理,不如聽孩子的道理

「媽媽有沒有告訴妳,講禮貌的小朋友是不說髒話的?」、「妳怎麼又跑到馬路中央了?馬路上都是車,被撞到了怎麼辦?」、「媽媽和妳說了很多次,不要碰插座,插座是有電的,妳被電到怎麼辦?」

……

社區內,又響起了李沁對女兒的說教聲。

李沁是一名家庭主婦,有個六歲的女兒叫萌萌。萌萌人如其名,長得又萌又可愛,可是小女孩的性格一點也不萌,一天到晚調皮搗蛋,沒有一刻停歇的時候。之前,萌萌都是由爺爺奶奶帶著的,可是萌萌太調皮,爺爺奶奶實在沒那個精力照

Chapter4　傾聽是橋梁，與孩子建立真正的連結

顧，於是照顧孩子的重任只好落在了李沁的身上。為此，李沁還特地辭職在家。

這一天，李沁將萌萌哄睡著了，她疲憊不堪地倒在沙發上，那模樣就跟跑了一場馬拉松似的。萌萌爸見狀，不禁打趣道：「帶小孩真有那麼累嗎？」

「萌萌太皮了，我和她講道理，她就是不聽，你說累不累？」李沁不禁對萌萌爸翻了個白眼，「帶小孩，上班，我倒寧願選擇上班。」

萌萌爸笑著說：「萌萌只是比一般小孩頑皮一些，但她的思想相對也比別的孩子成熟一些。不如妳換一種教育方式，不要總是對萌萌講道理。」

「不對萌萌說道理，那萌萌還不鬧翻天？」李沁不贊同。「妳不對她說道理，但妳可以聽她說道理。」萌萌爸說完，表示週末由他照顧孩子，看一看這種教育方法是否適合萌萌。

週末的時候，李沁和萌萌爸帶孩子出去踏青。

萌萌玩得開心之際，隨手就將手裡吃的零食袋子扔在了地上。李沁剛要和萌萌說道理，萌萌爸就率先開口了：「萌萌，妳把什麼東西丟在地上了？」

萌萌停止了玩耍，看了一下丟的東西，回答說：「是零食袋子，我已經吃完了。」

「那這零食袋子是垃圾嗎？」萌萌爸問。「是。」萌萌點頭。

萌萌爸又說：「既然是垃圾，那要把它扔到哪裡呢？」

「垃圾桶。」萌萌說。「妳知道我們為什麼要將垃圾扔進垃圾桶內嗎？」萌萌爸問。

萌萌歪著腦袋想了一下，說：「亂扔垃圾是一種不禮貌的行為，而且將垃圾扔得到處都是，會影響環境衛生，也會加重清潔人員的工作負擔。」說完，萌萌撿起零食袋子，將其丟進了不遠處的垃圾桶內。

神奇的是，萌萌此後再也沒有隨地亂扔垃圾的壞習慣了。有時候，她沒有看到垃圾桶，也會將垃圾拿在手裡，一直到看見垃圾桶為止。李沁彷彿找到了教育萌萌的正確方式，她以後再也不對萌萌說那些大道理，而是聽萌萌說道理。凡是萌萌自己說出的道理，她都牢牢記在心裡。

相信很多父母都和李沁一樣，在教育孩子的時候以說教為主。然而，那些喜歡說教的父母所教育出來的孩子又是怎樣的呢？

這些孩子，絕大多數都在漸漸喪失傾聽的興趣。父母說的道理，他們左耳進右耳出，絲毫沒有記住。這是為什麼呢？在心理學上，這被稱為「道理免疫效應」。就是說，當父母對他們說道理時，他們會在自己的內心砌起一道高牆，十分抗拒聽這些道理。即使父母說得對、應該虛心接受，孩子依舊會本能地排斥。

Chapter4　傾聽是橋梁，與孩子建立真正的連結

　　孩子不願意聽或聽不進去，父母則會重複地說。那些長篇大論的大道理說起來，有時候我們自己聽都會有一種頭皮發麻、莫名覺得內心疲憊的感覺，更別提每天都在聽道理的孩子了。以至於父母在孩子面前講的道理越多，孩子就越不聽話，甚至孩子還會因為反抗心理跟父母唱反調。

　　不可否認，相對於命令式、暴力式等教育方法，對孩子講道理的說教式教育方法算是不錯的。但從某種程度上來說，長期不停地對孩子說教也會帶來不少弊端，比如會使得孩子不能對一件事進行深入的邏輯思考；會使孩子失去判斷力；會激增孩子煩躁、憤怒等負面情緒；會使孩子喪失理解、體諒他人行為的能力等等，長久下去，對孩子以後的成長非常不利。

　　法國著名思想家、教育家盧梭（Jean-Jacques Rousseau）說過，世界上有三種對孩子不但無益反而有害的教育方法，講道理就是其中之一。既然對孩子說道理孩子不聽，那父母不如換一種教育方法，聽一聽孩子說道理。

　　相信該說的道理，父母應該都對孩子說過，而還沒有說過的道理，不如等孩子自己來總結。那麼，具體該怎麼引導孩子來說道理呢？

　　當孩子做錯一件事時，先不要立刻替孩子貼上「你做錯了」這個標籤，要引導孩子意識到自己做的是一件錯事，然後再說一說錯誤的做法帶來的影響，以及正確的做法。就比如事

例中的萌萌，當萌萌把零食袋子扔到地上時，爸爸沒有直接點出她將垃圾扔到了地上，而是詢問萌萌扔了什麼在地上，然後又問零食袋子屬不屬於垃圾。當萌萌思考到零食袋子屬於垃圾時，她的思維會立刻告訴她，垃圾要丟在垃圾桶內，且亂扔垃圾會帶來哪些不好的影響。讓孩子意識到錯誤，並自己說出正確的做法，這樣的教育方式比說教一萬次要管用。

對於還沒有和孩子說的道理，父母要耐心地一步步引導孩子去說，孩子自己總結出來的道理，他們能很快接受，其印象也會比父母說給他們聽時要深刻得多。怎麼引導孩子去總結道理呢？例如，孩子亂按電梯按鈕的壞習慣。父母可以問孩子：「你知道電梯為什麼會升降嗎？」

孩子會回答：「是因為我們按了電梯樓層。」

父母說：「正確的說法是電梯程式控制電梯上升或下降的。那你知道，電梯程式像人體中的哪個器官嗎？」

孩子會回答：「像大腦。」

父母這時再問：「沒錯。當我不停地對你下達這個命令那個命令時，你的大腦會怎麼樣？」

孩子回答：「會很混亂，記不清楚。」

「同理，你胡亂按電梯按鈕也是在對電梯的大腦不停地下命令，命令多了對電梯的大腦有什麼影響呢？」

孩子會總結：「大腦會混亂，然後出現故障。」

Chapter4　傾聽是橋梁，與孩子建立真正的連結

　　至此，孩子便能深刻地意識到胡亂按電梯按鈕造成的後果，並牢牢記住亂按電梯按鈕是不對的。而用引導的方式讓孩子總結道理，遠遠比父母對孩子說道理要有用得多。

　　當然，有些時候讓孩子自己說道理，他也有可能會再犯。但他每次犯時，父母可以再問他一次。久而久之，孩子自己說多了也覺得煩，為了不想再說，就會牢牢記住不要再犯。所以，父母在對孩子說教時，對孩子說道理，不如聽孩子說道理。

孩子的喜怒哀樂值得被傾聽

　　人是感情動物，有喜怒哀樂的情緒。當我們的情緒非常膨脹時，便急切地想要找一個人分享。與他人分享我們的歡喜，我們心裡的歡喜會更甚；與他人分享我們的哀傷，我們心裡的哀傷會減半；與他人分享我們的憤怒，我們心裡的憤怒會慢慢削弱……成年人尚且需要與他人分享情緒，更別提敏感且不懂得控制自己情緒的孩子了。

　　孩子是一個獨立個體，從他出生後，喜怒哀樂的情緒將伴隨他們一生。由於他們年齡尚小，感官往往比成年人要敏銳，以至於他們的喜怒哀樂往往會被擴大很多倍。比如，明明對父母來說是一件微不足道的小事，對孩子來說卻是一件天大的事。

孩子的喜怒哀樂值得被傾聽

對比成年人來說，孩子的控制力要弱太多。當他們內心的情緒波動較大時，他們不懂得自我控制與調節。以至於當他們歡喜時，會將歡喜表現在對人說個不停的行為上；當他們憤怒時，會將憤怒表現在歇斯底里的怒吼或對人與物的拳打腳踢中；當他們哀傷時，會將哀傷表現在沒完沒了的大哭中；當他們快樂時，會將快樂表現在胡鬧和調皮搗蛋中。這個時候，如果父母能安靜地聽一聽孩子的心聲，分享他們的喜怒哀樂，就能有效地安撫孩子的情緒，從而阻止孩子調皮搗蛋和胡亂發脾氣。

在孩子心中，他最想親近的人就是父母，他心中的喜怒哀樂最想分享的人也是父母。然而，身為父母的我們，當孩子想要對我們敞開心扉，想要說一說他們的心事時，我們都有耐心聽他們說一說嗎？

張穎在一家大企業擔任總監，是一位職場菁英，而她職場上耀眼的成績都是她用大量時間打拚出來的。可想而知，她留給家庭的時間少之又少。

這一天，張穎下班回家，勞累了一天的她一進家門就倒在沙發上想要放鬆一下。這時，她七歲的兒子童童開心地走到了她的面前。

童童是一個非常聰明的小男孩，現在已經是一名小學二年級的學生。在前幾次的考試中，他都沒有考過滿分，但這一次期中考試，他國語和數學都考了滿分。對於這樣一個令人開心

Chapter4　傾聽是橋梁，與孩子建立真正的連結

的好消息，他最想分享的人就是媽媽。

然而，童童剛剛走到沙發邊，張穎就對他揮了揮手，說：「童童乖，自己玩一會兒，媽媽現在很累，想休息一下。」

童童臉上的笑意一下子消失了，他嘟起小嘴，不情願地去一邊玩了。

晚上吃飯的時候，童童再次想要告訴媽媽這個好消息，可是他剛開口喊了一聲媽媽，媽媽的手機鈴聲就響了。張穎對童童說：「童童乖，你自己先吃飯，媽媽接一個電話。」然而，這個電話一接就接了半個多小時。

童童心裡忽然感覺很委屈，他多麼想要與媽媽分享這個好消息，可是媽媽為什麼就不肯聽他說呢？童童安慰自己，是因為媽媽太累太忙了。他打算在媽媽吃完飯後，再對媽媽說一次。就在媽媽吃完飯後，他笑著說：「媽媽，我有一個……」

童童還沒說完，再次被張穎打斷了。張穎快速收好碗筷，對童童說：「媽媽一會兒在家加個班，你在客廳玩耍要小聲點，或是回自己的房間看看書。」

童童再也忍不住了，他的眼淚一下子流了下來，他什麼話也沒說，跑回自己房間後，「砰」的一聲，非常大力地關上門。而媽媽張穎則皺起眉頭，似乎很不明白童童為什麼發這麼大脾氣，但很快，她的思緒就被工作的事占據了。

接下來的幾天，童童都冷著小臉，對張穎不理不睬。即使

張穎的神經再粗大,她也發現了童童對她的疏離。她問童童怎麼了,童童也不說。直到她幫童童收拾臥室時,才在垃圾桶裡發現了童童這幾天不對勁的真相。

原來,童童那天回到房間後,他非常憤怒地將考了滿分的試卷撕了個稀巴爛,直接扔到垃圾桶裡。張穎突然想起,那一天恰好是童童發考卷的日子,而且童童好幾次對她開口,但都被她打斷了。張穎意識到,她的行為嚴重傷害了童童。她將孩子撕碎的試卷從垃圾桶裡拿出來,小心翼翼地黏好。

晚上,張穎特地擠在童童的床上,為童童說了好幾個童話故事。最後,張穎親吻了一下童童的額頭,真誠地說:「童童,媽媽要和你說聲對不起。以後你有什麼快樂的事、不快樂的事,只要你願意與媽媽分享,媽媽一定認真聽你說,好嗎?」說完,張穎從身後拿出了被撕碎的試卷。

童童一下子明白過來媽媽為什麼要對自己道歉了,他嘟著小嘴,接過試卷說:「看妳把試卷黏得這麼認真的份上,我原諒妳那天的行為了。」

就這樣,母子倆和好如初。

童童考了滿分是一件非常開心的事,當他迫切地想要與媽媽分享這個好消息時,媽媽卻不願意聆聽。最後,一件開心的事演變成一件令人傷心氣憤的事。可見,父母的不願意傾聽會帶給孩子的情緒多麼大的負面影響。

Chapter4　傾聽是橋梁，與孩子建立真正的連結

不可否認，當今社會快速發展，競爭非常激烈。一名女性想要在職場上做出漂亮的成績，無疑要付出更多的時間與努力。但是，這並不是忽視孩子的理由。工作很重要，但孩子更重要，因為我們工作是為了給孩子好的生活，工作的目的無疑是為了孩子。所以，父母要做的是平衡工作與家庭的關係，抽出時間聽一聽孩子的喜怒哀樂。

當孩子主動與父母分享喜怒哀樂時，父母要將自己擺在與孩子同等的位置，要認真地去聆聽，並給予孩子回應。例如，當孩子說到欣喜或開心的事時，父母也要表現得很欣喜、開心，因為父母的欣喜與開心是孩子欣喜與開心的催化劑，令他們的心情更加美好；當孩子說到傷心或憤怒的事時，父母認真聆聽後，要在第一時間安慰孩子，耐心地撫平他們的情緒，之後再與孩子說一說自己對這些傷心或憤怒的事情的看法，幫助孩子走出低迷的情緒。

有時候，孩子會處於被動狀態，父母不問，他們絕不會向父母吐露心聲。這時候，父母可以觀察孩子的表情和行為，以此來判斷孩子的心情如何。不要擔心觀察不出孩子的情緒，因為孩子都將喜怒哀樂寫在了臉上和表現在肢體語言上。例如，當發現孩子眉眼上揚，嘴角帶著微笑，整個人非常歡快活潑時，那就表示孩子一定遇到了什麼開心的事，這時候父母可以主動詢問孩子是不是碰到了什麼開心事；當孩子愁眉苦臉，嘴巴高高噘起，整個人無精打采時，毫無疑問，孩子一定是碰到

了傷心難過的事,或是讓他苦惱的事,這時候父母可以主動詢問孩子發生了什麼。

在孩子還沒有掌握發洩自己多餘情緒的辦法前,父母就是孩子的發洩點。不管是好的壞的、開心的難過的,我們都要將這些情緒照單全收,做一個知心好媽媽,或是知心好爸爸。

善於傾聽,才能打開孩子的心扉

很多時候,父母與孩子相處時,都是父母在說,孩子在聽。當父母說得越多,孩子就更加沉默。其間,當父母詢問孩子時,孩子也都沉默不言。長久下去,父母便無法理解孩子的內心想法,甚至有時會埋怨孩子為什麼不對他們吐露心聲。回過頭來看,父母與孩子之間的那道無形屏障,其實是父母一手造成的。不可否認,孩子對某些事情的是非觀不明確,但是他們卻能明確自己的情感,能感受到誰對他們好,誰對他們不好。他們判斷的標準,除了物質上的給予、行為上的關愛外,最大的標準其實是是否願意聆聽他們的話。

在孩子心中,願意聽他們說話的人,就是喜歡自己的人,而不願意聽他們說話的人,就是不喜歡他們的人。所以,當父母不願意聽孩子說話時,孩子會本能質疑爸爸媽媽是不是不愛我,這會使孩子慢慢封閉自己的心,以後有什麼心裡話會本能

Chapter4　傾聽是橋梁，與孩子建立真正的連結

地選擇不告訴父母。久而久之，這也會導致孩子的心理朝不利的方向發展。

在這個世界上，孩子非常明白，與他們最親近的人就是父母。所以，父母想要打開孩子的心扉並不難，關鍵在於是否認真傾聽孩子的話。如果父母能有耐心地聽孩子說，那麼會輕而易舉贏得孩子的心。

週末是一週裡最美好的時光，忙碌的人們都會在週末好好放鬆一下自己。可是這個週末對馮楠家來說卻是天翻地覆的，因為馮楠上小學二年級的兒子突然離家出走了。

馮楠的兒子小名叫巖巖，上小學二年級。就在今天早上，馮楠和往常一樣，八點鐘準時喊巖巖起床吃早飯。可是打開巖巖臥室的房門，巖巖的床居然鋪得整整齊齊，而臥室裡也沒有巖巖的身影。

當時，馮楠的心「咯噔」一聲，因為以往每個週末，她連拖帶喊才能把愛賴床的巖巖喊起來，可今天怎麼會自己起來了呢？她將書房、洗手間全都找了一遍，都沒有發現巖巖。這讓馮楠不禁慌張起來，連忙跑去找巖巖的爸爸：「不好了，巖巖不見了！」

巖巖爸爸觀察了巖巖的臥室，發現巖巖是在早上離開的，他不禁說：「我懷疑巖巖是離家出走了。」

「離家出走？巖巖為什麼要離家出走？」馮楠的語氣帶著哭

腔,或許是想到什麼,她突然說,「難道是因為昨天晚上我罵了他?」

見巖巖爸爸皺著眉頭看著自己,馮楠不禁說起了前一天晚上的事:「平常,巖巖放學後半個小時就能到家。可是昨天,他整整遲了兩個多小時才到家。我看他回來晚,又滿頭大汗,就責怪他是不是在外面玩而忘了回家。巖巖當時沒有反駁,我就更加肯定自己的猜測,責備了他十幾分鐘。沒想到,這個孩子居然用離家出走來報復我!」

「現在說什麼都晚了,目前最重要的是找到巖巖。妳去打電話報警,看看警察能不能立案,然後再打電話問問親朋好友,問問巖巖是否去了他們那裡。我去外面找找,也有可能巖巖就在附近。」巖巖爸爸有條不紊地吩咐。

就在馮楠剛要打電話報警時,家裡的電話鈴聲響了。巖巖爸爸接過後才知道,原來巖巖是去了爺爺奶奶那裡。爺爺奶奶猜測巖巖一大早獨自來找他們,一定是瞞著爸爸媽媽的,就打電話通知一聲,結果真如他們所料。

馮楠和巖巖爸爸知道巖巖的下落後,立刻去了爺爺奶奶的家。

馮楠看到巖巖後,又氣又心酸,剛想將巖巖抱在懷裡指責一番他離家出走的行為時,巖巖猛地推開了馮楠。巖巖大聲說:「媽媽不喜歡我,我也不喜歡媽媽。」

Chapter4　傾聽是橋梁，與孩子建立真正的連結

「媽媽喜歡你呀，巖巖。媽媽怎麼可能不喜歡你呢？」馮楠感覺自己的心被刀刺了一下，眼淚不由自主地流了出來。

巖巖卻說：「如果妳喜歡我，為什麼妳不聽我說話呢？昨天晚上我回家晚了，我根本沒有玩，是因為老師帶我和班上其他幾個同學去醫院看望生病的數學老師了。可是我回家後，妳問也不問，直接定罪。妳一個勁地指責我，還不給我解釋的機會。這樣的媽媽，我一點也不喜歡。」

巖巖的話令馮楠一臉羞愧。

馮楠不愛孩子嗎？答案肯定是愛的。而她愛的方式則是「愛之深，責之切」。但這種愛的方式對於年幼的孩子來說，他無法理解，他只能感受到父母的責罵，而無法感受到愛意。孩子對愛的理解很簡單，親親他、抱抱他、言語上關心他、物質上給予他，最後就是多多傾聽他。

事例中的馮楠與巖巖的矛盾不是三言兩語就能當場和解，因為馮楠不願意聆聽孩子的行為已經在孩子的心靈上烙下印記。所幸這抹印記不是永久的，它可以被擦去，但卻需要很長一段時間，而擦去印記的「橡皮擦」名叫「聆聽」。

傾聽孩子吐露心聲是一種美德，當你認真地注視著孩子，聽孩子說完他的想法或心事後，會讓他有一種被父母重視的感覺。父母的聆聽除了能表達對孩子的愛意外，還可以幫助孩子發洩心中的負面情緒，對孩子身心健康發展非常有利。而孩子

回報給父母的，是他們那顆赤誠之心。

　　需要注意的是，孩子在向父母吐露心聲，尤其是他們發牢騷時，父母絕不能隨意打斷，也不要聽得心不在焉，因為這會給孩子一種非常糟糕的體驗，會令孩子的情緒負面化。

　　此外，父母最好可以每天抽出一定的時間與孩子單獨相處，這個時間最好是在晚飯後，時間不需要多長。在這段時間內，父母可以陪孩子看一看他們喜歡看的卡通，也可以與孩子交流一番。交流些什麼呢？可以問一問孩子在學校發生了什麼有趣的事，最近學校功課有沒有壓力，碰到了哪些困難，下一次放假想去什麼地方遊玩等等。有時候，當父母打開了話匣子，孩子才會願意對他們吐露心聲。

　　我們與他人交談，多聽他人說，會讓我們結下深厚的友誼。我們花點時間去聽孩子說，會讓我們與孩子之間的關係更加密切。

與孩子商議，尊重他的想法

　　「晚上只能看半個小時電視，看完後就去寫作業。」、「週末不能出去玩，你要將之前的功課好好複習一下。」、「你沒有學習藝術的天賦，媽媽替你報一個武術班。」

　　……

Chapter4　傾聽是橋梁，與孩子建立真正的連結

相信很多父母都對孩子說過這些強制命令性的話，都善於替孩子做主，從不顧及孩子的感受與意願。而長期不聽孩子的想法與意見，父母想過後果嗎？父母不聽孩子的想法與建議，會使孩子的性格朝著兩個極端發展：一是變得沒有主見，做事優柔寡斷；一是變得憂鬱焦躁，動不動就發脾氣或大吵大鬧。

或許，很多父母無法體會到孩子被父母做主時的感受，在這裡，我們不妨將自己代入這樣一些事情中：公司不與你商量，直接派你去外地出差；同事不管你是否有事，直接拉你去公司舉辦的聚會；夫妻不相互商量，由一方直接做主貸款買了房子……相信每一位父母都有這樣一個感受：不被尊重。

其實，當父母剝奪孩子的自主權，替孩子做主時，他們內心也會感到不被尊重。可能有不少父母會說我替孩子做主時孩子並沒有不贊同。父母可以回憶一下，當你替孩子做主時，孩子有欣然說好嗎？相信絕大多數時候，孩子都是沉默的，或是不情願地點點頭，而這也恰好是孩子表示抗議或抗拒的最直接證據。

岑岑今年八歲了，還沒入學前，她是一個非常調皮的小女孩，可愛的外表和活潑的性格非常討人喜歡。可是上了小學後，她的性格漸漸變得安靜、不愛說話，有時家裡來了客人，她打完招呼就回自己的房間。

有好幾次，客人都問岑岑媽：「岑岑小時候很調皮，怎麼

現在變得這麼安靜？她是不是有什麼心事啊？」

岑岑媽是一個大大咧咧的人，每一次都笑著回答：「小女孩都這樣，長大懂事了，就知道不能像小時候那樣皮了。」

就這樣，岑岑不知不覺已經讀小學三年級了。由於岑岑媽是一名職場女性，什麼事都喜歡規劃好，所以她會替岑岑制定學習計畫，每一天都會安排額外的作業。為了讓岑岑能將精力全都放在功課上，她還退掉了岑岑最愛的舞蹈班。

在岑岑媽鞭策下，這一次期末考試岑岑考了班級前三名，讓岑岑媽非常高興。岑岑媽為了獎勵岑岑，便提議出去玩。於是，她問岑岑：「妳想讓媽媽帶妳去哪裡玩？海洋館、博物館、兒童樂園，這三個，妳自己選一個？」

岑岑聽後默不作聲，並沒有表現得很興奮。

看到岑岑這樣，岑岑媽不禁皺起了眉頭，她一個個問：「我們去海洋館？」岑岑沒有回答。

「妳不想去？那我們去博物館？」岑岑媽又問。這一次，岑岑低著頭，依舊默不作聲。

「既然如此，那我們就去兒童樂園。」岑岑媽決定了。

就這樣，岑岑媽帶著岑岑去了兒童樂園，但讓岑岑媽惱火的是，岑岑什麼遊樂設施都不玩，就這麼在兒童樂園逛了一圈。回到家後，岑岑媽一臉氣憤，岑岑爸就問怎麼了。岑岑媽生氣地說：「還不是岑岑，昨天同意去兒童樂園玩，可到了又

Chapter4　傾聽是橋梁，與孩子建立真正的連結

不玩，白白浪費了好幾百元的門票。」

被責備的岑岑低著頭，看上去就像是一個被遺棄的小女孩。岑岑爸不禁心疼起來，他牽著岑岑的小手，問：「岑岑，妳告訴爸爸，妳想去兒童樂園玩嗎？」

岑岑低著頭，小聲說：「不想。」

「那妳怎麼不和媽媽說呢？」岑岑爸問。

岑岑平靜地說：「說了和不說又有什麼不一樣呢？反正媽媽都會替我做決定。」

看到岑岑的故事，身為父母的我們應該很為這個小女孩心疼，她彷彿對自己的未來充滿了絕望，沒有一點她這個年紀該有的活潑與朝氣，無時無刻不是死氣沉沉。

毋庸置疑，岑岑從小時候的活潑變成現在這般安靜，完全是媽媽一手造成的。媽媽不聽一聽岑岑的建議，就直接為岑岑制定了學習計畫、安排數不清的作業，甚至直接退掉了岑岑最愛的舞蹈班，即使岑岑鼓起勇氣反抗，但媽媽依然私自決定了。種種不顧岑岑想法的行為，都足以**擊潰岑岑那顆鮮熱的心**。

不可否認，有些父母並不是天生就愛替孩子做主，很大一部分原因是孩子自己拿不定主意，或是孩子非常不自覺，需要父母去強制他。但不管怎樣，我們都不能直接替孩子做決定，應該要給予他們自主權，與他們商議。在與孩子商議前，父母

與孩子商議，尊重他的想法

需要注意這樣一些陋習：

不要對孩子擺出嚴肅的神情。不管是孩子還是我們成年人，當我們與一個人交談時，如果對方的神情非常嚴肅，那麼我們會不自覺地關閉話匣子，不願意說出心裡話。所以，父母與孩子商量一件事時，如果擺出一副嚴肅的神情，會讓孩子本能地躲避與父母說話，更別說與父母商議了。而且，長久下去，孩子也會變得沉默。因此，父母要分清楚面對工作和家庭的態度，工作可以嚴肅對待，但孩子不可以時刻嚴肅對待。只有當孩子犯錯了，我們才應該表現出嚴肅的神情。

不要用命令或強制的口吻與孩子說話。孩子在父母面前從來都是弱小的一方，如果父母用命令或強制性的口吻對孩子說話，會讓孩子本能地屈服在父母的強硬之下，不敢說出自己的想法。就比如父母強硬地詢問孩子：「就買這支鋼筆吧？」雖然是詢問，但語氣中卻帶著不容拒絕的命令，面對這樣的問話，孩子只會順從。如此，還談什麼聽一聽孩子的想法與建議呢？如果父母真的想與孩子商量，那麼就該用溫和的語氣對孩子說話，讓孩子感受到父母的誠意和對他們的尊重。

此外，父母還要改變一下對「孩子還不懂得做主」的看法。不可否認，對於年紀小的孩子來說，他們確實不懂得自己做主，很多時候都是父母說什麼就是什麼，很少會說出自己的想法。但是，父母不能讓自己幫孩子做主的行為形成習慣，應

Chapter4　傾聽是橋梁，與孩子建立真正的連結

該要從點點滴滴的小事著手，幫助孩子訓練自己做主的意識，讓孩子嘗試著說些自己的想法與意見。久而久之，孩子就會變得非常有主見、有想法，而這對孩子的未來非常有益。

與孩子相處時，父母不能唱獨角戲，很多時候，我們要學會當一當配角，讓孩子做一做主角。父母懂得與孩子協商，孩子的智慧才會迅速成長。

自我反省，是孩子最有力的糾正方式

每一個孩子在成長過程中都會犯錯，也都挨過罵。只不過，有些孩子在受到責備後，會主動反思自己的錯誤行為，繼而進行改正，這樣的做法無疑是每一位父母所渴望的。但有些調皮的孩子在受到責備後，不僅從不反思自己的錯誤行為，反而會依舊我行我素，繼續犯下相同的錯，這樣的行為無疑會惹惱父母。因此，面對孩子屢教不改的錯誤行為時，很多缺乏耐心的父母常常會失去理性，那些指責孩子的話也會變得簡單粗暴，甚至有時候會對孩子動手。事實上，這樣的責備方式並不能讓孩子改過，反而會為孩子的心靈帶來巨大的傷害。

通常來說，孩子不理會父母的責備，是因為他們心不在焉。他們除了不正視自己犯下的錯外，對父母的責備也像是在聽一串不走心的音符，在心裡留不下丁點波瀾。有時候，即便

自我反省，是孩子最有力的糾正方式

聽進了父母的責備，但因為反抗心理，也會選擇與父母唱反調。想要孩子反思錯誤，父母首先要做的就是引導孩子正視自己犯下的錯。如何讓孩子直視自己犯的錯呢？可以讓孩子自我反省，讓他自己說，你來聽。

小滿讀小學三年級，是一個活潑可愛的小女孩。但讓人頭痛的是，小滿雖然長得漂漂亮亮的，但字卻寫得很難看，一眼看上去彷彿是車禍現場，簡直慘不忍睹。為此，小滿媽媽在小滿開學之初，特地找到了小滿的老師，希望老師可以替小滿安排一位字寫得特別好看的同學坐在隔壁，達到帶動小滿練好字的目的。老師非常爽快地答應了，替小滿安排了一個字寫得超級好看且得過書法獎狀的同學。如小滿媽媽期望的那樣，小滿看到同學的字後，一下子對練字產生了興趣，還央求媽媽幫她報了書法班，買了很多字帖回來。

起初，小滿都準時去上書法班，每天都會抽出一定的時間臨摹字帖，平時寫字也都注重乾淨整潔。可是，小滿媽媽沒有欣慰幾天，小滿又原形畢露，恢復到以前寫字散漫的模樣了。

每一次去書法班學書法時，小滿都拖拖拉拉，甚至有時候會找藉口推脫不去；每天臨摹字帖的時間也都花在了玩或看卡通上，就算臨摹，也都臨摹到了字型外，讓人一眼看出在趕時間；平時寫作業的時候字也都隨心所欲地寫，寫錯了就劃掉重寫，整個頁面亂七八糟。

133

Chapter4　傾聽是橋梁，與孩子建立真正的連結

小滿的老師也很好奇，小滿前一段時間字還寫得認認真真，怎麼這些天一下子又變回原形了？為此，老師特地找到了小滿媽媽。

小滿媽媽嘆氣地說：「小滿這孩子，做什麼事都三天打魚兩天晒網，就為練字這事，我責備她很多次，說了很多的道理，可是她就是聽不進去，待會兒我再罵她一頓。」

老師聽後，不贊同地說：「小滿媽媽，妳責備了小滿那麼多次，可是她依舊我行我素，我想，她一定是沒將妳的話聽進心裡，也沒有正視好好練字這件事。」

「那該怎麼辦呢？難道放任她，不罵她？」小滿媽媽一臉不解。

老師笑著說：「做錯了事，當然要責備。不過不是我們去指責她，而是讓她自我反省。」

在小滿媽媽好奇的目光中，老師叫來了小滿。

老師很隨意地問小滿：「小滿，妳的爸爸媽媽辛苦不辛苦？」

小滿想到爸爸媽媽經常工作到半夜兩三點，有時候週末也都去公司，而且他們還要照顧她，做家務，不禁點點頭說：「辛苦。」

「那爸爸媽媽為什麼要那麼辛苦呢？」老師又問。

「是想要給我好的生活。」

「是的。妳看，妳的媽媽送妳去上好幾百元一堂課的書法班，幫妳買那麼多的字帖，是希望妳能寫一手好字，因為一手漂亮的字對妳以後的人生很有幫助。爸爸媽媽為妳創造的條件其實都是他們用辛苦的勞動換來的。小滿，妳現在有沒有意識到自己做錯了一些事情呢？」

小滿聽後，不禁低下頭說：「我錯了，我不該偷懶不去上書法班，我不該胡亂地臨摹字帖，我不該不用心寫字。」

小滿真的意識到自己的錯了，此後她每一次都積極地上書法班，認真地臨摹字帖，一段時間後，小滿的字有了很大的進步，而她也真的喜歡上了練字。

很多孩子和小滿一樣，心血來潮特別想學什麼，就央求媽媽帶自己報名去學。可是學到一半，就想半途而廢。父母又是說道理，又是嚴肅責備，但效果甚微。歸根結柢，還是孩子沒有正視自己的行為有何不妥。

面對這樣的情況，我們不妨學一學小滿老師的做法，引導孩子正視自己的問題，然後再進行自我反省。看到這裡，很多父母會懷疑，孩子懂得自我反省嗎？不要懷疑，孩子有時候比父母還清楚自己錯在哪裡，清楚自己需要改正什麼。因為每個孩子都有自己的認知，都有一定的分辨自己行為是好是壞的能力。

孩子做錯事，自然要責備，但並非一定要父母去指責，有

Chapter4　傾聽是橋梁，與孩子建立真正的連結

時候我們可以靜下心，聽一聽孩子的自我反省。當孩子自我反省時，他們才會認真地自我反思，自我糾正。這麼看來，是不是比我們責備他們的效果更好呢？

Chapter5
興趣是最好的老師，
用愛激發好奇心

　　放養，就是不強迫孩子去努力，而是誘導孩子的興趣。興趣是孩子對事物的主動選擇，會讓行動變得持久且目的明確，接下來的努力也就順理成章了。

　　興趣是最好的老師。對於孩子來說，他一旦對某一事物產生興趣，就是教育的最佳時機，此時進行教育會收到事半功倍的效果。

Chapter5　興趣是最好的老師，用愛激發好奇心

讓學習變得好玩，激發孩子的動力

緊盯著孩子功課，催促孩子用功，已經成為當今家長的通病。有的家長更是過分，不斷地逼迫孩子念書，替孩子報名補習班；監督孩子，生怕自己一疏忽，孩子就偷懶玩耍；把孩子的時間安排得滿滿的，讓孩子每天學習到十點多……

可家長這樣費心費力，孩子就能夠安心地念書，喜歡上學習嗎？

不，事實正好相反。家長越是如此，孩子對於課業的態度就越消極、冷漠、排斥。在他們眼中，念書就是痛苦的事情，是父母逼迫自己不得不做的事情。

正如美國教育家格倫・多曼（Glenn Doman）所說：「學習是生活中最有趣和最偉大的遊戲。所有的孩子生來就這樣認為，並且將繼續這樣認為，直到我們使他相信學習是非常艱難和討厭的工作。有一些孩子則從來沒有真正地遇到這個麻煩，而且終其一生，他都相信學習是唯一值得玩的有趣的遊戲。我們給這樣的人一個名字──天才。」父母們的逼迫和緊盯扼殺了孩子學習的興趣，在這個過程中，孩子的心情和情緒受到了極大的影響，主動性和熱情也受到了打擊，自然就更加厭倦學習了。

簡單來說，學習講究興趣，有了興趣，孩子才能愛上學

習,並且把艱鉅和討厭的任務變成有趣好玩的事情。一旦孩子對學習產生了興趣,那麼家長們便不再費心,孩子的主動性也差不了。

六歲的楠楠苦惱地對媽媽說:「媽媽,我今天不想去上學了!」

「為什麼?」媽媽不解地問道,「上學有什麼不好的嗎?」

楠楠沒有回答媽媽的話,仍是堅持自己的意見說:「我就是不想去上學,今天您就讓我休息一天吧!」

媽媽的第一反應就是拒絕了楠楠的要求,嚴肅地說:「不行!小孩子怎麼能不好好上學呢!」可過了一會兒,媽媽覺得這樣簡單地拒絕孩子並不是辦法,強迫孩子上學也不能解決問題,於是她便耐心地問,「楠楠,你為什麼不願意上學?是不是身體不舒服,還是和同學發生了爭執?」

楠楠誠實地回答說:「沒有!我就是不想上學,覺得上學沒有什麼意思!」媽媽驚訝地問:「上學怎麼會沒有意思呢?你為什麼這麼想?」

楠楠想了一會兒,對媽媽說:「我覺得老師講課很無聊,每天就讓我們練習注音、寫生字,要不就是算數。」

媽媽耐心地聽著楠楠的理由,然後笑著對他說:「那是因為你沒有找到學習的樂趣,其實學習是非常有趣的事情。比如,學注音,你看看不同的注音符號組合在一起就可以唸成不

Chapter5　興趣是最好的老師，用愛激發好奇心

同的音，是不是非常有趣？而且你不是喜歡讀童話故事嗎？學會了注音符號之後，你就可以自己閱讀了！」

之後，在送楠楠上學的路上，媽媽還為他講了很多小故事……

楠楠的媽媽是一個聰明的母親，也是一個懂得教育孩子的母親。面對楠楠的厭學情緒，她沒有選擇逼迫和強制的方式，而是耐心地進行勸導，詢問了孩子不想上學的原因，然後再有針對性地激發孩子的學習興趣，讓孩子覺得學習是有趣、好玩的事情。如此一來，問題就輕鬆簡單地解決了。

誠然，每個家長都關心孩子，時常為孩子不愛學習而傷腦筋。可是我們要知道，一切方法和教育都抵不過興趣，它是孩子能夠主動認真學習的關鍵，更是學習取得效果的前提。想要孩子愛上學習，興趣就是最好的老師。

也就是說，父母與其強迫孩子好好上學，不如讓孩子知道學習是一件有趣好玩的事情，把學習和孩子的喜好連繫在一起。比如，孩子不喜歡學數學，家長則可以運用數學遊戲、智力遊戲的方式來讓孩子發現學習數學的樂趣。當孩子感覺「學習很好玩」的時候，那麼他們的主動性和積極性就不自覺地提高了。

所以，正在為孩子厭學、不愛學習而苦惱的家長們，把學習變成「好玩」的事情，讓孩子對學習產生興趣吧！這樣做之後，你就會得到意想不到的結果！

天才的祕密，是對興趣的熱愛

有人說，天才的祕密就在於強烈的興趣和愛好，以及由此產生的無限熱情。這句話非常有道理，一個人對某件事情感興趣，在做這件事情的時候才能充滿熱情，不怕辛苦，不知疲倦，從而獲得巨大的成就。

愛迪生的例子就說明了一切！

愛迪生幾乎每天都會泡在實驗室中做他的研究和實驗，一天工作的時間長達十七八個小時。就連吃飯、睡覺，他都不曾離開實驗室。儘管如此，他卻不覺得辛苦，更未曾感覺到厭倦枯燥。

對於他來說，這是「其樂無窮的事情」，是人生中最大的樂趣。因為他喜歡做實驗，對實驗研究具有濃厚的興趣，所以他說「我一生中從未做過一天工作。」他對於實驗具有強烈的興趣，並且樂在其中，所以取得舉世矚目的成就也就不算什麼稀奇的事情了。

在現實生活中，很多家長想要把孩子培養成天才，希望自己的孩子能夠取得卓越的成就。而實際上，「天才」這兩個字就是一個陷阱，讓很多家長都陷入其中。它讓很多家長過分高估了自己的孩子，也讓很多家長選擇了錯誤的教育方式。為了把孩子培養成天才，家長們想方設法地培養孩子的特長，讓孩子

Chapter5　興趣是最好的老師，用愛激發好奇心

上各式各樣的補習班才藝班，並且督促著孩子努力用功。

可這樣的方法卻讓自己的孩子離「天才」越來越遠，這是因為他們在讓孩子努力的同時，完全忽視了孩子的興趣。很多時候，家長只顧著對孩子說：「你要好好學習鋼琴或繪畫，長大後好成為鋼琴家或畫家。」而沒有問孩子：「你對什麼感興趣？你是否喜歡鋼琴或繪畫？」

要知道，培養天才的祕密，不是讓孩子努力、再努力，而是讓孩子學習他感興趣的東西。

佳樂的媽媽認為彈鋼琴是一種很高雅的藝術，而且有利於孩子左右腦的開發，所以，她興致勃勃地替孩子報了鋼琴課，更令她高興的是，老師也說佳樂頗具有音樂天賦，如果好好培養肯定能取得不錯的成績。

可上了不到一個月的課程，佳樂就說不想去學鋼琴了，說自己一點都不喜歡彈琴。他真誠地說：「媽媽，我不喜歡鋼琴，更喜歡下圍棋，不如您讓我去學圍棋吧！」

聽了佳樂的話，媽媽一口就回絕了，這讓佳樂感到非常生氣和失望。他沒有想到媽媽竟然如此不講理，結果和媽媽鬧起了彆扭，學琴的時候也是三心二意。爸爸知道了這件事情後，便對媽媽說：「我們還是尊重孩子的興趣吧，如果他對鋼琴沒興趣，妳即便再強迫也沒有用啊！」

媽媽不甘心地說：「可人家老師說他有天賦，以後肯定

能有所成就啊！我們不好好地培養，豈不是浪費了孩子的天賦？」

爸爸笑著說：「可是妳想一想，他連學習的積極性和主動性都沒有，怎麼能取得好成績呢！」

佳樂媽媽雖然有些不甘心，但是不得不承認爸爸的話是正確的。於是，她轉變了自己的態度，開始讓佳樂學習他感興趣的圍棋。開始的時候，媽媽只是抱著試一試的態度讓他學習圍棋，可是這一次佳樂果然表現出了不一樣的態度。每次上課的時候，他都積極主動地學習，下課之後還不斷地練習，一有時間就和爸爸切磋。

雖然圍棋比較枯燥、耗費精神，但是佳樂每天都花費一兩個小時「耗」在棋盤上，研究老師所講的步法、布局。幾個月後，他對圍棋的興趣始終未減，還越來越有熱情。學習圍棋一年半的時候，佳樂就達到了業餘三段，還參加了很多次縣市舉辦的比賽。八歲的時候，佳樂就又晉級業餘五段，在一次比賽中獲得了業餘組的亞軍。第二年他則打敗了比自己大三歲的對手，獲得了第一名的好成績。

一個人在做事的時候，有沒有興趣，結果是大不相同的。興趣就是一種無形的動力，促使我們充分地發揮自己的主觀能動性。一個孩子如果能做他感興趣的事，就算這個過程充滿了辛苦、無聊、困難，他也會充滿熱情、心情愉快地去做；即便

Chapter5　興趣是最好的老師，用愛激發好奇心

是遇到了再大的困難，他也不會灰心喪氣，而是想盡辦法去戰勝它。

換句話說，興趣就是孩子們追求成功的驅動力。想要孩子成為「天才」，家長們就讓他學習他感興趣的東西吧！

不為孩子設限，讓他自由探索興趣

很多父母讓孩子學習他們感興趣的事情，可卻總想著干涉孩子，一味想要孩子按照自己的想法來做事。他們干涉孩子的興趣，強加一些任務給孩子；或是非要孩子一天練習幾個小時，結果把孩子的興趣愛好變成了「強迫性」的學習任務。

我們就時常聽到孩子們這樣抱怨：

我非常喜歡舞蹈，爸爸媽媽也支持我上舞蹈課，可是他們每天都要求我練習一兩個小時，不完成任務都不行。這讓我感到非常厭煩，現在我已經不喜歡舞蹈了。

我畫畫的時候，媽媽總是在一旁指指點點，一會兒說我這裡畫得不好，一會兒又要我修改那裡的線條，實在太煩人了。

我爸爸媽媽替我報了好幾個才藝班，說是要培養我的興趣。現在我每天不是上才藝班，就是在去上才藝班的路上，連休息的時間都沒有了。

不為孩子設限,讓他自由探索興趣

……

聽聽孩子們的抱怨,我們就知道了,雖然父母們重視孩子的興趣愛好,但是並沒有真正做到尊重孩子的興趣。他們往往妄加干涉孩子,好像這興趣並不是孩子自己的,而是家長的。

如果是這樣的話,這又與忽視和不支持孩子的興趣有什麼區別呢?長此以往,孩子會覺得自己的興趣變成了負擔,變成了令人痛苦的事情,到那時興趣也就不是興趣了,還會引起孩子的反抗心理。

六歲的妞妞喜歡上了畫畫,每天拿著畫筆在紙上塗塗畫畫,有時畫一隻在水裡游泳的小魚,有時畫一座五彩的房子。在幼兒園的繪畫課上,妞妞也非常認真地學習,時常拿著自己的作品給媽媽看。

每次她都興奮地說:「媽媽,妳看這是我今天畫的小兔子,是不是很漂亮?」當媽媽給予她肯定的時候,妞妞就會自豪地說:「當然了,李老師也時常誇獎我,說我有繪畫的天賦。」

看到妞妞這麼喜歡畫畫,作品也是充滿了想像力,媽媽覺得孩子或許在繪畫方面很有天賦,就替她報了美術班。平時,她也抽出時間來指點妞妞畫畫,看到孩子的圓畫得不圓,她就讓孩子擦了重新畫;看到孩子把太陽塗成了藍色,她就指責孩子塗得不對,要求孩子按照實物來塗顏色。

同時,為了讓妞妞提高繪畫的程度,她要求孩子每週必須

Chapter5　興趣是最好的老師，用愛激發好奇心

畫一幅作品——這幅作品必須按照妞妞媽媽的要求來畫，如果不能讓她滿意的話就不能算完成任務。

經過一段時間的學習，妞妞的繪畫程度有所提高，不再是胡亂的塗鴉，而是有模有樣的作品了。媽媽卻發現妞妞對畫畫的興趣好像沒有以前濃厚了，上美術班的積極性也不高了。

其實原因很簡單，因為媽媽為孩子的興趣設了限制，劃定了規範，所以才讓孩子感覺自己失去了自由，感受不到畫畫的樂趣。要知道，孩子之所以喜歡畫畫，就是因為他們可以用手中的畫筆畫出自己想畫的東西，不管這東西是不是好看，是不是像模像樣，都是他們內心想法的體現。一旦父母在一旁指指點點，規定他們應該做這個不應該做那個，那麼孩子就會感到不耐煩，認為這興趣就不是自己的了。

有不少繪畫大師在看到孩子們的信手塗鴉之後，都產生了挫敗感。有一位著名的繪畫大師曾經說：「我花費了一生的時間才學會了像孩子那樣畫畫！孩子們怎麼有如此驚人的創造力！」

所以，在對待孩子興趣這個問題上，家長們都應該圍繞一個原則來進行，那就是給孩子充分的空間，不為孩子設限。既然是孩子自己的興趣，我們就應該讓孩子充分發揮自主性，而不是從大人的角度去指點孩子，更不能打著為孩子好的旗號去強迫孩子。

與其強迫孩子培養興趣，不如先培養他的好奇心

當我們看到街邊聚集著一堆人時，會很好奇這些人聚在一起做什麼，繼而就會感興趣地湊過去看一看；當我們去餐廳吃飯時，會很好奇菜單上那些古怪的菜名究竟是什麼菜，然後就會感興趣地去嘗一嘗；當我們看到一部電影的精采預告後，會很好奇整個電影的全部情節，然後會感興趣地看一遍。可見，好奇心是興趣的起源。

相對於成年人來說，孩子的好奇心更重。相信不少父母都有這樣的經歷，當孩子遇到一個很難且不感興趣的問題時，如果你一步一步地引導他，並設定出一個個好奇點，孩子就會表現得很感興趣，一點點深陷其中。等孩子自己解決問題後，他會顯得非常開心、興奮，並對這類問題充滿興趣。

好奇心可以創造興趣，而興趣是解決問題的動力。父母想要培養孩子對某一事物的興趣，不如先培養其好奇心。

小可七歲了，是一個可愛漂亮的小女孩。因為她的記憶力非常不錯，媽媽抱著鍛鍊她的想法，為她報名參加了詩詞背誦大賽。當然，在報名之前徵得了小可的同意，她似乎也很感興趣。

比賽很簡單，就是看誰記憶的古詩詞又多又準確。眼看著比賽日期越來越近，媽媽便把所有的精力都放在了小可身上，

Chapter5　興趣是最好的老師，用愛激發好奇心

督促她背誦各種生僻的古詩詞。

每一次小可背誦完成，媽媽都會真心誇獎她：「小可真棒，妳將曹操的〈觀滄海〉背得又快又好。」、「小可好厲害，唐代詩人張若虛的〈春江花月夜〉妳背得就跟唱歌似的。」、「小可，媽媽太佩服妳了，李白的〈夢遊天姥吟留別〉那麼長，妳居然一字不差地背出來了。」

……

以往，媽媽的這些誇獎讓小可很開心。可是最近，媽媽的誇獎不僅讓她不開心，而且還非常煩躁。終於，有一天背完最後一首古詩後，小可爆發了。

「媽媽，妳好煩哪，我不喜歡背詩，我現在最討厭的就是背詩了。」小可紅著眼眶朝媽媽大聲吼道，然後哭著跑進自己的臥室，並將門關起來了。

媽媽被小可的舉動嚇到了，心裡產生了疑惑：「小可以往對背誦古詩詞很主動，今天怎麼會突然說不喜歡了呢？」晚上的時候，媽媽對爸爸說了小可今天的表現。

爸爸想了一下，皺著眉頭說：「小可本來就對背誦古詩詞沒多大興趣，而她以往願意去背誦，一是因為妳對她的鼓勵和誇獎，一是她想訓鍊自己的記憶力。而讓她一直堅持下去的前提是，她所記憶的內容是有限度的。可是最近，妳為了讓小可參加比賽，讓她背誦的古詩詞又多又長，彷彿永無止境，這無疑會激

起她不耐煩的情緒,繼而對背誦古詩詞更加不感興趣了。」

媽媽也意識到了,最近她將小可逼得越來越緊,小可臉上的笑容似乎也一點點消失。她嘆了口氣,決定尊重小可的選擇。她對爸爸說:「既然小可不喜歡,那我明天就幫她取消比賽!」

「取消比賽倒不用。」爸爸說。

媽媽聽後,好奇地問:「你不是說小可對背誦古詩詞不感興趣嗎?這樣逼著她會不會不太好?」

「這妳就不懂了,孩子對某一樣事物不感興趣,是因為缺乏好奇心。只要我們建立小可對古詩詞的好奇心,那她自然就對古詩詞感興趣了。」爸爸見媽媽一臉疑惑,他笑著說:「山人自有妙計,明天妳就看我的表現吧!」

第二天,小可起床後,見媽媽不僅沒有逼著她背誦古詩詞,還替她準備了美味的早餐,心情稍微愉快了些。吃完早餐後,她看著自己喜歡的《佩佩豬》卡通,心情更加好了。這時爸爸悄悄坐到了小可旁邊,對小可說:「小可,妳不喜歡背誦古詩詞嗎?」

小可聽後,點了點頭。「那妳能告訴爸爸,為什麼不喜歡嗎?」爸爸問。

小可想了一下,噘著嘴巴不開心地說:「那些古詩詞很長,我又不懂它究竟在說什麼,一點也不好玩。」言外之意,

Chapter5　興趣是最好的老師，用愛激發好奇心

小可是因為死記硬背且不理解古詩詞的內涵才對古詩詞不感興趣的。

爸爸笑著耐心地說：「小可，妳知道嗎？每一首古詩詞都有一個創作背景，這些創作背景都是一個個有趣的故事，就比如妳前一段時間背誦的曹植的〈七步詩〉。」

見小可一臉好奇地看著自己，爸爸繼續說：「曹植是三國時期曹操的小兒子。曹植從小就才華出眾，深受父親的疼愛。曹操去世後，他的權力被曹植的哥哥曹丕繼承了。可是曹丕是一個嫉妒心非常強的人，他一邊嫉妒曹植的才華，一邊擔心曹植會搶走自己的皇位，於是就想害死曹植。有一天，曹丕將曹植叫到跟前，他讓曹植在七步之內做出一首詩，以此證明他的才華。如果曹植做不出來，曹丕就將他處死。」

「爸爸，這個曹丕也太壞了！他肯定不會得逞的，對不對？曹植一定能在七步之內做出一首詩的。」小可睜大眼睛，期待地問。

「小可說得對！曹植強忍著內心的悲傷和憤怒，果然在七步之內做出了一首詩，那首詩就是〈七步詩〉。」爸爸說完，摸了摸小可的腦袋。

小可聽後，鬆了一口氣，她跳下沙發，學著曹植的模樣，每走一步就背一句〈七步詩〉，走完七步，整首詩一字不落地背誦完了。

此後，小可意識到每一首古詩詞都有一個獨特的創作背景，當了解那些背景，以及古詩詞的大意後，她對古詩詞變得越來越感興趣，記憶起來也是事半功倍。

事例中，小可對記憶古詩詞並沒有很大興趣，因為媽媽的強迫，使她對背誦古詩詞更加反感。但爸爸卻利用每一首古詩詞的創作故事來激發小可對古詩詞的好奇心，繼而喜歡上古詩詞。可見，只有當孩子對某一事物感興趣時，學習起來才會輕鬆，倘若沒有興趣，無疑會是一種煎熬。而興趣並不是無法創造的，只要替孩子製造一些好奇點，培養其好奇心，興趣自然而然就能培養起來。

居禮夫人說：「好奇心是學者的第一美德，而好奇心又總是興趣的導因。」當孩子面臨一項不得不去學習，但又缺乏興趣的任務時，父母完全可以利用這一任務本身的各種知識來勾起孩子的好奇心，繼而引起其興趣。這樣，孩子在學習時才會感到快樂，才會主動去學習。

一個優質的「挑戰」，點燃孩子的學習渴望

你的孩子是否每隔一段時間就會出現一個學習懈怠期？你的孩子有沒有對學習漸漸失去動力和熱情？

你的孩子是將學習當成一項任務，還是當成一種興趣？

Chapter5　興趣是最好的老師，用愛激發好奇心

如果你的孩子出現這樣的情況，不妨對他用一用「鯰魚效應」。

什麼是鯰魚效應？它是說當一條鯰魚進入小魚的生存環境時，會激發出小魚的求生能力。同理，當一個沒有競爭且失去熱情與動力的人突然遇到一個競爭者時，他會被激起競爭求勝心，繼而重拾熱情與動力。

這種方法放在孩子身上同樣適用，因為孩子出現學習懈怠或失去對學習的興趣與熱情，歸根結柢是學習的過程中沒有目標或缺乏競爭對手。倘若為孩子選擇一個旗鼓相當的同學作為假想敵，作為競爭對手、追逐目標，那麼毫無疑問，孩子會想方設法地超越他，而超越的前提就是勤奮與努力，就是重拾對學習的興趣與熱情。

鼕鼕上小學一年級了，每一次考試他都能考滿分，穩居班上的第一名。可是，這樣的好成績不僅沒有令媽媽自豪，反而還很不滿意。這是為什麼呢？

原來，在鼕鼕上幼兒園的時候，媽媽就教授過他一些一、二年級的知識，所以鼕鼕能考滿分是一件理所當然的事。令媽媽不滿意的是，鼕鼕仗著自己已經學過且都懂，就漸漸對學業失去興趣，每天放學回家，他都會先看電視，然後再打電玩。甚至有好幾次夜裡，他趁著爸爸媽媽睡著後偷偷爬起來打電玩。

媽媽發現後，就嚴厲地指責他：「鑿鑿，你玩遊戲玩到這麼晚，第二天還有精力好好用功嗎？」

鑿鑿卻毫不在意地說：「我都已經會了，不需要老師教了，而且我每次考試都會考滿分。媽媽，妳真是太大驚小怪了。」

幾次之後，媽媽很後悔當初那麼早教授鑿鑿一、二年級的知識，不然鑿鑿應該和普通孩子一樣，每天放學回家寫作業，預習功課。

爸爸察覺到媽媽每天都唉聲嘆氣，就問怎麼回事。媽媽將鑿鑿對學習懈怠的事情和爸爸說了。爸爸聽後，笑著說：「這很簡單，妳看我晚上怎麼治一治這小子。」媽媽很懷疑爸爸說話的真實性，要知道她可是好說歹說了一大通，鑿鑿都沒有聽進去。

晚上，一家三口吃過晚飯，鑿鑿照舊坐在客廳的沙發上看電視，爸爸坐過去裝作不經意地說：「鑿鑿，你還記得前些天來我們家做客的李叔叔嗎？」

「當然記得，李叔叔是你同事，他的女兒李靜還是我們隔壁班的同學。」鑿鑿回答的時候眼睛依舊看著電視。

「是的。今天你叔叔和我炫耀，說他女兒李靜的成績非常好。」爸爸循序漸進地說。

「她考滿分，我也考滿分，你也可以跟他炫耀，說我的成績也非常好。」鑿鑿自信地說。

Chapter5　興趣是最好的老師，用愛激發好奇心

「鑿鑿，我可不好意思對你李叔叔那麼說。你知道嗎？李靜不僅平時成績考滿分，前一段時間，她還被選中參加縣市舉辦的數學競賽，並且得了一等獎。據說，競賽的題目都很難。」爸爸說。

「競賽？我怎麼沒有聽說過？」鑿鑿的注意力終於被爸爸的話吸引了。「應該是你平時表現不出色，且你們學校的競賽名額只有一個，所以老師沒有選你吧！不過，爸爸這裡有一份李靜競賽時做的試卷，你做做看，看是不是比李靜更厲害。」爸爸從公事包內拿出預先列印好的數學競賽試卷。

鑿鑿一聽，趕緊連電視都不看了，趴在桌子上做起了數學試卷。

這張考卷的題目不多，但每一道都很有誘導性，並且越到後面越難。直到過了兩個小時，鑿鑿還有題目沒做出來。

最後，爸爸替鑿鑿改了一下試卷，鑿鑿考了 80 分。爸爸說：「這張考卷，李靜考了 90 分，你比她差十分，也很不錯。不過，這也說明老師的眼光很準，知道你考不過李靜，所以才沒有選你去參加競賽。」

爸爸的話讓鑿鑿很生氣，他才不想被李靜壓下去，他只是沒有好好學。所以，自那以後，鑿鑿一改之前的學習態度，他不僅每天認真聽課了，而且回家也主動學習，重拾了對學習的興趣與動力。

一個優質的「挑戰」，點燃孩子的學習渴望

事例中的爸爸並沒有訓斥鼕鼕，而是說了同事家孩子的成績與表現，目的就是替孩子塑造一個成績旗鼓相當的假想敵，讓鼕鼕知道他是因為不夠用功才會落後別人的，繼而激起爭強好勝的心。而鼕鼕想要趕上競爭對手，只有努力學習，重拾對學習的興趣。

每一個孩子都需要一個假想敵，因為假想敵是孩子學習、做事的動力。然而，父母不能隨意為孩子塑造一個假想敵，它是有一定標準的。

首先，假想敵是真實存在於孩子身邊的。相信很多父母會指著電視劇裡某個演出來的小天才，然後對自己孩子說：「你瞧，這個小天才真厲害，這麼小就被國外某個著名大學錄取了，你要以他為目標。」孩子雖然年紀尚小，但時代的快速進步早就讓他們明白電視劇中的小天才、成績優異的孩子都是虛構出來的，孩子不會將父母的話聽進心裡，也不會將虛擬的人物當作自己的競爭目標。所以，父母要為孩子挑選一個真實存在的假想敵，且這個假想敵就在孩子身邊。只有孩子能切身感受、看見假想敵的強勁之處，孩子才會對學習更加有動力，更加有興趣。

其次，假想敵的實力與孩子旗鼓相當，或是高出一小截。舉一個最簡單的例子，如果你是一位普普通通的白領階級，你會將亞洲首富作為競爭對手嗎？顯然，這是很不符合實際的。

155

Chapter5 興趣是最好的老師，用愛激發好奇心

所以，選擇假想敵要選擇一個處在相同環境中的人物，而白領階級的假想敵應該是一位與他實力相當，或實力高出一小截的人。

父母為孩子選擇假想敵時，也應該遵從這樣的標準，讓孩子有種「這個競爭對手只要我努力努力，就一定可以超越他」的感覺，這樣孩子才會有學習的動力。

孩子對學習的興趣並不是一成不變的，它就像心情一樣反覆多變。父母要觀察孩子的一舉一動，為孩子選擇一個優質的假想敵，這樣孩子才能重拾對學習的興趣。

孩子的興趣愛好，需要父母的理解與支持

「孩子，你沒有畫畫天賦，即使再感興趣，也不會有多大的作為。」、「寶貝，你的四肢不夠協調，就算繼續跳舞，以後也成不了舞蹈家。」、「你的嗓音不夠優美，練習再多，也無法彌補嗓音上的劣勢。」

……

相信很多孩子都在父母面前表現過對某一樣事物很感興趣的舉動。然而，絕大多數父母並不會輕易表態，而是會分析孩子的自身條件、實際情況，再選擇是否要支持孩子的這一興趣。甚至，很多父母會仗著自己的人生閱歷和經驗，以「愛」

的名義為孩子規劃好未來的道路，替孩子選擇適合他們學習的興趣愛好。從表面上看，父母這樣做是幫助孩子少走彎路，但事實上，這樣的行為並不是愛，並且極有可能傷害孩子幼小的心靈。孩子雖然年紀尚小，但卻有自己的思想，有自己的喜好，父母的強加干涉和強制要求，只會令孩子感受到失望與對他的不尊重。

阿姆斯壯是登月第一人。他從小就對浩瀚無垠的宇宙感興趣，並總愛對他的玩伴們說些他對宇宙的想法，他那不切實際、天馬行空的想法讓他的同伴們替他取了一個外號「小瘋子」，就連一些大人在聽到他離譜的想法時，都會忍不住勸他的母親管一管他。

然而，阿姆斯壯的媽媽並不在意，反而會自豪地說：「這是我孩子的興趣愛好，我為什麼要扼殺他的興趣愛好呢？」她不僅不制止阿姆斯壯對宇宙的興趣，反而會買許多有關宇宙的書籍讓阿姆斯壯看，加深他對宇宙和太空的興趣。

有一天，媽媽正在做午餐，她突然聽到阿姆斯壯大叫一聲，隨後又是一陣巨響。媽媽有些擔心，就大聲問：「孩子，發生什麼事了嗎？」

阿姆斯壯並沒有回應。

這讓媽媽不禁擔憂起來，她放下手中做了一半的午餐，快速走進阿姆斯壯的房間，看見阿姆斯壯戴著安全帽，穿著鞋子

Chapter5　興趣是最好的老師，用愛激發好奇心

在床上來回漫步。媽媽並沒有責怪阿姆斯壯將床單踩得髒兮兮的，她只是不解地問：「你在做什麼？」

阿姆斯壯並沒有看媽媽，而是自顧自地說：「我剛剛乘坐一架宇宙飛船前往月球，飛船降落月球後，我登上了月球，現在正在月球上行走。」

媽媽聽後恍然大悟，她笑著說：「那好吧，你可以繼續在月球上探索，不過探索完了記得要返回地球吃美味的午餐。」

阿姆斯壯一臉苦惱地說：「媽媽，我現在在遙遠的月球，根本聽不見在地球上的妳說什麼。」

媽媽不僅沒有惱怒，反而「噗嗤」笑出聲，然後做出一系列駕駛宇宙飛船登上月球的假動作。她將剛剛叮囑阿姆斯壯的話又重複一遍，得到阿姆斯壯的回應後，又駕駛「宇宙飛船」飛回「地球」繼續做午餐了。

因為媽媽的寬容與理解，讓阿姆斯壯對太空的興趣一直持續到長大，並將登月定為了自己的夢想。後來，在媽媽的鼓勵與支持下，他努力學習，成為第一批被國家招收的太空人。後來，阿姆斯壯真的成為一名太空人，並實現了自己的登月夢，成為全地球人的英雄。

阿姆斯壯之所以會成功，是因為他的媽媽無條件地支持他的興趣，並鼓勵他發展自己的興趣愛好。在這個世界上，相信與阿姆斯壯有相同興趣愛好的孩子不在少數，他們或許也會戴

孩子的興趣愛好，需要父母的理解與支持

著安全帽，腳上穿著髒兮兮的鞋子在床上表演太空漫步。絕大多數父母看到被踩髒的床單時，第一反應是讓孩子立即下床，並指責孩子為什麼要穿著鞋子在床上亂踩，最後還會告誡孩子不要再穿著鞋子在床上玩耍。可是，在孩子們眼中，沒有太空裝備還怎麼在太空中漫步呢？甚至，當孩子表現出對太空、對宇宙感興趣時，會有父母覺得不可思議，然後勒令孩子現實一點。父母的強制干涉不僅扼殺了孩子的興趣愛好，更扼殺了孩子的一個夢想。

父母在干涉孩子的興趣愛好時，有沒有考慮過孩子心裡的感受與想法？孩子會認為，爸爸媽媽是獨裁者。久而久之，孩子會產生反抗心理，不僅會對父母的管制反感，而且還會和父母唱反調。

父母需要明白，孩子對什麼感興趣是他個人的權利，因為他們是有獨立人格的。父母應該尊重孩子的選擇，支持孩子發展自己喜歡的興趣愛好。要知道，當孩子沉迷於自己感興趣的事情時，他往往會拚盡全力、全力以赴，哪怕最後不會取得多大的成就，他們也會滿足。相反，倘若父母強制干涉或要求孩子放棄他的興趣愛好，改學其他不喜歡的科目，那麼孩子一定會消極對待。

所以，當孩子告訴父母自己喜歡什麼，對什麼感興趣時，不要急著為孩子分析這項興趣愛好的功用，應該告誡孩子這

Chapter5　興趣是最好的老師，用愛激發好奇心

是他自己選擇的興趣愛好，即使身為父母也沒有權利干涉。此外，父母也要鼓勵孩子堅持自己的興趣與愛好，做到持之以恆。

孩子有興趣時，勇敢讓他嘗試

每個人都有這樣一種體會，當做一件感興趣的事情時，會覺得永遠不會累，彷彿有用不完的精力，結果也是事半功倍；反之，當做一件不感興趣的事情時，會覺得疲憊不堪，彷彿每時每刻都在煎熬，結果也是事倍功半。可見，興趣對一個人來說十分重要，而對向來缺乏自制力和耐心的孩子更加重要。

興趣是最好的老師，只有當孩子學習感興趣的事，才會不用父母提醒就會主動的全力以赴、盡善盡美地去完成。然而，孩子天生好奇心重，對很多事情都感興趣，但真正讓他們喜愛並能堅持到最後的事卻很少。怎樣才能確定孩子是不是真的感興趣？只有讓孩子一一嘗試才知道。

沐沐是一名小男孩，今年上小學三年級。別看沐沐瘦瘦弱弱，個頭也不高，可實際上他是一名跆拳道高手，曾多次參加少兒跆拳道比賽，並取得了不錯的成績。就連他的跆拳道老師都誇獎沐沐在跆拳道方面很有天賦，是難得一見的好手。然而，這位跆拳道好手其實走了很多的彎路。

孩子有興趣時，勇敢讓他嘗試

那一年，沐沐上小學一年級。快放暑假的時候，老師建議同學們可以參加一個自己感興趣的才藝班。沐沐那時很喜歡看卡通，也曾看過漫畫家三兩筆就畫出了一個動漫人物。他覺得這個技能超級酷，就對媽媽說：「媽媽，我想去學畫畫，可以嗎？」

「當然可以啊！」沐沐的媽媽很開明，她非常支持沐沐自己的選擇。

第二天，媽媽就幫沐沐找到了一個不錯的才藝班。然而，剛上一天，沐沐就不想去了。於是，媽媽就問沐沐為什麼不想去。

沐沐說：「老師教了我們很多顏色，可是一些相近的顏色我總是會混淆。後來，老師教我們畫動漫人物，別的小朋友畫得都很好，就我畫得最差。我看，我是沒有畫畫天賦了。」說完，他還嘆了一口氣。

媽媽被沐沐一本正經的說辭逗笑了，她並沒有責怪沐沐半途而廢，而是嚴肅地說：「其實是你覺得畫畫很無聊，對不對？」

沐沐不好意思地摸了摸腦袋，點頭承認了。接下來幾天，沐沐絞盡腦汁地思考自己究竟要上什麼才藝班。有一天晚上，他看到一個歌唱節目，一個與他年紀相仿的小男孩抱著吉他又唱又跳，那種爆發力、感染力立刻俘獲了沐沐的心。

161

Chapter5　興趣是最好的老師，用愛激發好奇心

「媽媽，我知道我要學什麼了，我想去學吉他。」沐沐大聲告訴媽媽。「可以呀，明天我就幫你報名。」媽媽說。

第二天，媽媽將沐沐送去吉他班。這一次，沐沐依然不感興趣，他根本就記不住樂譜，手指落在弦上就跟僵住了似的。他低著頭對媽媽說：「媽媽，我不想學吉他了，我覺得學吉他和畫畫一樣無聊。」

「沒關係，媽媽相信沐沐一定會找到自己喜歡的興趣愛好的。」媽媽摸了摸沐沐的腦袋，笑著說。

後來，沐沐打電話給他的同學，同學們向他推薦了寫作班、心算班，沐沐聽同學們說得有聲有色，也覺得非常有趣，於是一一向媽媽說了。每一次，沐沐上完一節課就不想再去了。

每一次沐沐對媽媽說不想再上時，他的心裡都很忐忑，他怕媽媽訓斥他三心二意，沒有一顆持之以恆的心。可令他吃驚的是，媽媽每一次都沒有責怪他，並鼓勵他繼續尋找自己喜歡的興趣愛好。沐沐下定決心，下一次他一定要好好斟酌再跟媽媽說了。

這一天，沐沐在看體育頻道，裡面恰好播放一場少兒跆拳道比賽，選手凌厲強勁的攻擊、靈巧迅速的躲閃姿勢一下吸引住了沐沐。沐沐看得激動不已，他好想去學跆拳道，但又怕真正學了覺得沒有意思，他不禁嘆了口氣，打算再想一想該學什麼。

媽媽聽到了沐沐的嘆氣聲，就說：「沐沐，你是不是對跆拳道有點興趣？」

「是的，媽媽。」沐沐回答。

「如果你感興趣的話，可以去嘗試一下。」媽媽笑著溫柔地鼓勵他。

「媽媽，你不覺得我在選興趣愛好時總是搖擺不定、三心二意嗎？」沐沐好奇地問。

「當然不會。沐沐，什麼是興趣愛好？當然是自己感興趣和愛好的，既然你不喜歡，那還算什麼興趣愛好呢？而且，那些興趣愛好五花八門，你只有嘗試過，才知道自己究竟喜不喜歡，適合不適合。」媽媽認真地說。

第二天，媽媽幫沐沐仔細甄選少兒跆拳道館，沐沐僅僅上了一節課就喜歡上跆拳道了。正是因為對跆拳道發自內心的喜歡，沐沐才會在跆拳道上下功夫，並取得了不錯的成績。

許多父母為了不讓孩子輸在起跑點上，都會為孩子選擇各式各樣的才藝班。孩子在沒有體驗某一興趣愛好前，都會感興趣，就像故事中的沐沐一樣。可事實是，當孩子體驗過那些興趣愛好後，不僅不感興趣，而且還會覺得無聊。所以，父母必須注意，這時候孩子表現出的「感興趣」其實是好奇心在作怪，只有像沐沐媽媽一一讓孩子嘗試，才能找到孩子真正感興趣的愛好。

Chapter5　興趣是最好的老師，用愛激發好奇心

歌德曾經說過：「哪裡沒有興趣，哪裡就沒有記憶。」一個孩子對某樣好奇的東西產生興趣，那是再自然不過的事情。只有讓孩子嘗試一下，才能辨別出究竟是不是自己感興趣的。父母具體該怎麼協助孩子找到真正的興趣愛好呢？

父母要善於發現孩子的興趣。很多時候，孩子因為年齡尚小，並不能清楚地掌握自己的興趣愛好，但是他們往往會不自覺地對某一事物表現得很感興趣，例如：當看到某一事物時孩子會眼睛發亮；會專心致志地去聆聽；會表露出「我也想去試一試」的渴望；會不經意地在父母面前提起這一事物等等。這時候，父母不需要多考慮孩子表現出來的感興趣是不是好奇居多，而是要鼓勵孩子嘗試一下。嘗試後的結果無非有兩個：喜歡和不喜歡。不管結果如何，父母都應該尊重孩子內心最真實的感受和選擇。

父母要用欣賞的眼光去看待孩子的興趣愛好。對孩子來說，興趣是孩子願意去嘗試的基礎，但有時候孩子會因為缺乏勇氣而很難跨出第一步。這時候，父母就要用欣賞的眼光去看待孩子，尋找孩子身上的亮點，然後給予孩子勇氣，並鼓勵孩子踏出第一步。比如，當孩子表現出對畫畫感興趣時，父母可以說一些「你平常畫得很不錯」、「你很有畫畫天賦」、「我們家要誕生一個小畫家了」等一些給予孩子勇氣和鼓勵的話。當孩子聽到這些話後，才會勇敢地去嘗試。

世界上每一個孩子都是與眾不同的,他們的興趣也不盡相同。身為父母千萬不要跟風,要幫助孩子勇敢去嘗試,讓孩子明白這究竟是不是自己的興趣愛好。父母無條件地支持才是孩子尋找自己興趣愛好的路途上最需要的東西。

Chapter5　興趣是最好的老師，用愛激發好奇心

Chapter6
學會學習，
比擁有知識更重要

　　知識如同珍貴的寶藏，身為父母，我們自然希望孩子可以在知識世界裡駐足聆聽，但「授人以魚，不如授人以漁」，最自然的養育不是向孩子灌輸知識，而是發展孩子的邏輯思維能力和獨立獲取知識、運用知識的能力等，這就如同給了孩子一把打開知識大門的「鑰匙」，未來之路便可暢行無阻。

Chapter6　學會學習，比擁有知識更重要

愛上閱讀，是學習的起點

「〈望廬山瀑布〉是唐玄宗開元十三年前後，李白出遊金陵途中初遊廬山時所作。」

「竹子的中間之所以是空心的，是因為竹子的生長速度過快，中間部分趕不上外層的生長速度。」

「地球是太陽系八大行星之一，距離太陽第三近，也是太陽系中直徑、密度、質量最大的類地行星，地球還有一顆名叫月球的天然衛星。」

……

莊莊是一名六歲的小男生，儘管還沒有讀一年級，但他已經知道很多知識了。不管大家問什麼問題，他彷彿都知道。朋友們就很好奇：莊莊的父母怎麼將孩子培養成一個小百科全書的？

莊莊爸爸說：「莊莊很小的時候，我就開始注意培養他的閱讀習慣。在他還沒有識字前，我會在家裡的牆上掛好多識字圖畫，也會將相應的國字放置在對應的物體旁邊。比如，鬧鐘，我會在鬧鐘的旁邊放上『鬧』與『鐘』兩個字，以這樣的方式教導他識字。等他認識了很多字後，我又替他買了很多書，有寓言故事書、繪本、音樂圖書等。每天晚上，我與孩子媽媽都會抽出一定的時間陪著孩子一起閱讀。各式各樣的書籍帶給

莊莊無限的快樂，在閱讀過程中，他學習積極性也越來越強。現在，即使我們不陪伴他一起閱讀，他也能獨自沉浸在書本的海洋裡，汲取無盡的知識。」

書是人類最好的朋友，閱讀時會帶給孩子很多益處。比如，閱讀可以讓孩子的眼、耳、口、手、腦並用，可以有效地提高孩子聽、說、讀、寫等方面的能力；閱讀可以豐富孩子的知識，即使不出門也能增廣見聞，這對孩子以後的學習非常有益；閱讀還可以豐富孩子的內心世界，使孩子的身心健康成長；閱讀亦能豐富孩子的想像力和思考力，並能滿足孩子的好奇心，激發起求知欲……

讓孩子愛上閱讀是激發孩子學習興趣的有效途徑。父母想讓孩子愛上學習，不如培養孩子的閱讀興趣。

父母可以多帶孩子去圖書館。因為網路的崛起，網上購書已經成為絕大多數父母為孩子買書的管道，而去圖書館看書這項活動已經漸漸消失了。殊不知，去圖書館看書比網上購書回來看，更能激發孩子的閱讀興趣。因為圖書館內閱讀氛圍濃厚，當孩子看到所有人都在安靜閱讀時，他們也會收斂躁動的心，然後投身於書本的海洋中，漸漸地會感受到書本的魅力，愛上閱讀。

需要注意的是，父母不要以為僅僅帶孩子進圖書館就行了，還應該給予孩子引導。比如，孩子選擇要閱讀的圖書時，

Chapter6　學會學習，比擁有知識更重要

父母要參考孩子的性格、年齡、需求等多方面因素，找出適合孩子讀、對孩子有益的圖書，並幫助他們去列一份書單。父母為孩子選好書後，還要協助孩子進入書本的世界。相信許多孩子都存在著自制力差、主動性不強等缺點，這就意味著孩子不可能主動去閱讀，或是靜下心來閱讀。因此，父母要陪伴孩子一起去閱讀，幫助孩子進入書本。有一點需要注意，父母與孩子一起閱讀時，絕不能照本宣科，要為孩子建立起一個感情充沛、多姿多彩的閱讀世界，這樣孩子才會愛上閱讀，並會主動去閱讀。

為了幫助孩子加深閱讀印象，父母可以在孩子每次閱讀後，召開一個閱讀會議。召開這場會議的目的，就是和孩子討論書中的內容，引導孩子回顧書中的故事，並引發自己的思考。比如孩子閱讀完《老虎拔牙》的故事，父母可以問一問：老虎愛吃糖怎樣才能不蛀牙？以此啟迪孩子的智慧，加深其對閱讀的理解。不管孩子回答得對不對，父母都要耐心、認真地聆聽。如果孩子說得對，父母就要給予一些獎勵，說得不對，則要與孩子一起探討。

俗話說，授人以魚，不如授人以漁。父母與其花大把時間教授孩子各式各樣的知識，不如教授孩子自己學習知識的本領，而這個本領就是閱讀。培養好了閱讀習慣，孩子自然而然會愛上學習。

好文章來自閱讀與觀察的累積

　　一本精采絕倫的書，有一個精緻好看的封面才會引人注意；一個品質優良的產品，有一個精美的包裝才能令顧客有購買的欲望。人靠衣裝，佛靠金裝，這是一個注重包裝的時代，所以寫作也要文采裝。一篇優秀的作文，它必然有優美生動的辭藻，而這些辭藻運用得好，往往能引人入勝，扣人心弦。

　　豆豆上小學二年級了，在寫作方面，老師會讓他們寫一寫長句子，只有在週末的時候會要求他們寫一篇作文或寫一篇短日記。豆豆的詞彙量不少，但讓人頭痛的是，他不會用，以至於寫作能力很差。每一次老師指派的寫作，他都寫成了流水帳，枯燥無味，使人沒有興趣閱讀。

　　又是一個週末，老師再次要求孩子們寫一篇作文。星期六早上，豆豆早早就起床了，他拿出筆和日記本，坐在餐桌旁，苦思冥想該怎麼寫。直到媽媽喊吃午飯了，他都沒有下筆。

　　「豆豆，你想好作文要寫什麼了嗎？」媽媽拍拍豆豆的腦袋問。「想好了，我準備寫〈我的媽媽〉。」豆豆一本正經地說。「加油，媽媽相信你能寫好。不過，吃完飯才能有精力想，有力氣寫。」豆豆媽媽鼓勵說，她十分期待孩子筆下的她是什麼樣的。直到太陽下山，豆豆才磨磨蹭蹭地完成了他的「大作」。

　　媽媽好不容易等到豆豆寫完，當然要讀一讀豆豆寫的這篇

Chapter6　學會學習，比擁有知識更重要

關於她的作文。她不禁唸了起來：「我有一個好媽媽，她有一頭長頭髮，兩條眉毛下有一雙大眼睛，鼻子下面有一張嘴。每當媽媽笑的時候，都會露出兩排牙齒……」

豆豆認真地看著媽媽，等待媽媽的點評，他覺得自己都是實話實說，應該沒什麼問題。

媽媽看完後，不禁皺起眉頭。她以為孩子會將她寫成小仙女，再不濟女超人也行啊，哪想到居然寫得這麼寡淡無味，沒有一點特色可言。她覺得，豆豆作文裡的媽媽全國所有長頭髮的媽媽都能對號入座。

媽媽意識到，她似乎要在孩子的寫作上下點功夫了。她乾脆坐在桌子旁，對豆豆說：「豆豆，媽媽在你心裡是一個什麼樣的媽媽？」

豆豆想了一下，說：「媽媽是一個美麗的、勤勞的、溫柔的、體貼的媽媽。」

「那你仔細觀察觀察，媽媽的頭髮、眉毛、眼睛……有什麼特點呢？」

「特點？」豆豆皺著眉頭觀察了一下，然後說，「媽媽的長頭髮又黑又亮，髮尾還特別捲。」

「捲起來的髮尾像什麼？」

「像海裡的波浪。」

「合在一起就是，媽媽有一頭又黑又亮的長髮，捲起來的

髮尾像極了海裡的波浪。你照這個再說說其他的。」媽媽耐心引導。

「媽媽的眉毛彎彎的，像兩個小月牙掛在臉上⋯⋯」豆豆彷彿開啟了寫作的新模式，他按照媽媽的方法，為自己那篇枯燥無味的作文潤色，重新寫了一篇作文。

毫無疑問，這一次的作文，豆豆得了最高分，而且還受到了老師的表揚。此後，他都按照媽媽教他的方法寫作文。

一位著名的作家曾經說：「一篇作文，如果能出現『月亮』，那最好不過。如果沒有『月亮』，『群星璀璨』也很好。沒有『群星璀璨』，有『幾顆星星』也是不錯的。千萬不能讓人看到的是『漆黑一片』、『茫茫黑夜』。」

這位作家所說的「月亮」、「群星璀璨」、「星星」等，就是作文的亮點，而這些亮點可以是增添氣勢的排比句，可以是彰顯底蘊的古詩名句，亦可以是生動形象的比喻擬人修辭等。那麼，父母該如何幫助孩子掌握這些寫作的技巧呢？首先要引導孩子學會閱讀，然後再學會觀察。

想要孩子寫出一篇好作文，前提是孩子肚子裡有詞彙量，而閱讀是孩子獲得詞彙的管道之一。俗話說，閱讀是寫作的起步。閱讀時，孩子可以累積好詞好句，可以累積精采片段，還能掌握一些獨特的寫作技巧。父母要引導孩子掌握閱讀方法，幫助孩子挑出一些辭藻優美的好書籍、好文章，以此提高孩子

Chapter6　學會學習，比擁有知識更重要

的閱讀品質。當然，僅僅讓孩子獨自閱讀是遠遠不夠的，父母要引導孩子挑出書籍或文章內的好詞好句，分析一下這詞句有何優美之處，幫助孩子加深印象。

學會觀察也是孩子能寫好作文的重中之重。觀察不僅可以幫助孩子獲得好的寫作材料，還可以根據觀察得到的特點插入各種修辭手法，就像豆豆媽教豆豆寫作一樣。所以，父母要抽出一些時間指導孩子觀察生活、觀察自然，讓孩子能全面地掌握觀察對象的特徵和事件的全過程。對此，父母可以特地帶著孩子進行一些戶外活動，例如在外遊玩時，父母可以引導孩子觀察天上千奇百怪的白雲，讓孩子經過觀察，說出這些白雲像什麼。總之，孩子觀察得越仔細，寫作時能用的材料才會越多。

寫作並不是一件難事，關鍵在於孩子能掌握方法與技巧，而閱讀與觀察是孩子寫好一篇作文的捷徑之一。

成績的突破，離不開擴散性思考

高斯是一位享譽世界的數學家。在他上小學一年級時，他的老師曾在黑板上寫下一道題目：1+2+3+……+100=？

在別的同學還在埋頭苦算，抱怨題目好難、計算量好大時，高斯迅速地站了起來。

老師皺著眉頭問:「高斯,你怎麼站起來了?是算出答案了嗎?」高斯自信地回答:「5,050。」

老師驚訝於高斯的計算速度,就問他:「你為什麼會計算得那麼快呢?你用了什麼方法?」

高斯回答說:「我將這道題目的首尾數字 1 與 100 相加,得到的和乘以 100,最後再除以 2,答案就是 5,050。」

高斯的答案正不正確?

直到數分鐘後,有同學計算出結果,才知道高斯的答案是正確的。

高斯為什麼會想到這麼快的解題方法?其實,這歸功於他的擴散性思維,而這也是擴散性思維的魅力所在。

什麼是擴散性思維?它也稱輻射思維、擴散思維,是指大腦在思維時會呈現出一種擴散狀態的思維方式,表現為思維視線廣闊,思維呈多元發散狀。而擴散性思維強的孩子,其大腦異常活躍,想問題、處理問題往往要比別的孩子快很多,在課業上也是小天才般的存在。

說到這裡,相信許多父母都非常好奇自己孩子的擴散性思維能力如何,想要知道結果,不如讓孩子做一做下面這道測試題:

從前,有一個小山村,村邊有一棵大樹,樹下有一頭牛。牛的主人將兩公尺長的繩子拴在了牛的鼻子上。沒過一會兒,

Chapter6　學會學習，比擁有知識更重要

牛主人拿來了一堆青草，他把青草放在距離大樹三公尺遠的地方，然後就回去休息了。等他再次回來時，發現牛居然把青草吃光了。

牛鼻子上的繩子沒有斷，也沒有被解開，那麼牛是怎麼吃到並吃光青草的呢？這是一道典型的考驗擴散性思維的題目，從不同的角度去思考，就會得到不同的答案。比如：如果以為牛是被繫在樹上的，其身子的長度加上繩子的長度，就遠遠不止三公尺，牛可以用腿將草勾到身邊，這樣就能吃到草了；題目中並沒有認定牛是被繫在樹上的，很有可能牛是被固定在主人丟放青草的旁邊，所以吃起草來輕而易舉；也有可能，主人在離開的時候，有人見牛被拴在樹上，便好心地將青草拿到了牛的身邊。

如果你的孩子的答案五花八門，不要認為孩子是在投機取巧，因為這正是孩子應用擴散性思維得到的答案。對孩子來說，擴散性思維的最明顯的表現就是「一題多解」、「一事多寫」、「一物多用」等，所以孩子的答案越多，其擴散性思維能力就越強，而答案越少或想不出答案，那麼鍛鍊其擴散性思維迫在眉睫。

曾經有一位著名心理學家做過這樣一個實驗：用粉筆在黑板上畫一個圓圈，讓各個年齡層的孩子表達對這個圓圈的看法。大學生覺得很簡單、很幼稚，不想回答；高中生認為是零；

國中生認為是英文字母「O」；唯有小學生和年紀更小的孩子回答得最有趣，他們回答是太陽、是月亮、是皮球、是燒餅、是老師發脾氣時的眼睛⋯⋯這個實驗的結果告訴人們，年紀越小的孩子，思維越活躍，擴散性思維就越強。因此，父母要趁著孩子年齡尚小之際，加以鍛鍊孩子的擴散性思維。如何鍛鍊孩子的擴散性思維能力呢？

首先，引導孩子學會用不同的方法去解決問題。父母要明白，擴散性思維的重要特徵就是不求唯一的答案。所以，當孩子遇到一個困難或者一個難題時，要鼓勵孩子不要只用一種方式解決問題，讓孩子再思考思考，看看還有哪種解決方法。當孩子在嘗試思考其他方法時，既能擺脫慣有的思維模式，又能產生新的思維。

其次，與孩子共同討論問題。當孩子與父母一同討論問題時，會讓孩子理解父母的思維方式，也能讓父母知道孩子的思維方式。透過共同討論，不僅能幫助孩子打破自己原有的思維局限，還能開拓孩子的思維廣度。同時，孩子與父母討論的過程中，能幫助其完善思路。

最後，鼓勵孩子多質疑，多問為什麼。孩子的求知欲和好奇心向來很強，他們對各種事物存在著疑問，而這些疑問恰好是激發孩子擴散性思維的催化劑。所以，當孩子向父母提問為什麼時，父母不能拒絕回答，或是回答不知道，應該耐心地告

Chapter6　學會學習，比擁有知識更重要

訴孩子，或是與孩子一同去尋找答案。

　　有位名人說過，每一個能從多角度看待並解決問題的高手必定是擴散性思維的高手。而擴散性思維能力較強的人，其所展現的創新思維也是超強的。所以，父母在培養孩子的擴散性思維時，一定要多花心思，多費時間，要知道，鍛鍊孩子的擴散性思維比教授孩子知識更重要。

用小故事啟發大智慧，語文學習更有趣

　　「媽媽，昨天我和小欣吵架了，但今天我們又破鏡重圓了！」、「這一次迪士尼之旅的體驗太棒了，簡直就是南柯一夢。」、「明明是弟弟將這個玻璃杯摔碎的，可是他卻指鹿為馬，硬說是我弄的。」

　　……

　　七歲的妞妞剛上小學一年級，她對成語很感興趣，所以硬是讓媽媽教了她很多成語，而她不僅用心去記，也常常將這些成語運用到日常生活中。如果妞妞將這些成語用對，那麼妞妞媽肯定會很高興、很欣慰，可事實上是，妞妞常將這些成語用錯，不是張冠李戴，就是辭不達意，有時還將成語記錯。為此，妞妞媽急壞了，儘管她每次都會糾正妞妞對成語的亂用、錯用，但妞妞還是會用錯。

這一天晚上，妞妞媽向妞妞爸反映了這個問題。

妞妞爸因為長期在外工作，和妞妞相處的時間並不長，聽完妞妞媽的反映後，他就問：「妳平時是怎麼教妞妞成語的呢？」

「我就是按照成語大全中每一個成語的釋義讀給她聽。」妞妞媽說完，立刻示範起她教妞妞學習成語的方法，她一本正經地念道：「破鏡重圓是比喻夫妻失散或離婚後的重新團聚；南柯一夢是比喻一場大夢，或比喻空歡喜一場；指鹿為馬是比喻故意顛倒黑白，混淆是非。這三個成語是妞妞常用錯的成語，我都不記得糾正多少遍了，但她還是用錯。」說完，妞妞媽嘆了一口氣。

妞妞爸聽後，不禁笑著說：「妳這樣的教學方法只適合於高年級的孩子，對於妞妞這個年紀，甚至是比妞妞年紀還小的孩子而言，他們得使用講故事的方法來學習成語，記憶成語。這樣好了，我明天就用我的方法來教妞妞，至於效果如何，我們拭目以待。」

第二天正好是休息日，妞妞爸將妞妞帶進小書房，他溫和地說：「妞妞，爸爸聽說妳最近很用心地學習成語，爸爸也教妳幾個成語好不好？」

妞妞高興地答應了。

妞妞爸說：「爸爸先教妳指鹿為馬這個成語。這個成語，

Chapter6　學會學習，比擁有知識更重要

媽媽已經教過妳了，但爸爸還有要補充的地方，我就來說一說有關這個成語的小故事。話說，在秦朝時期，秦始皇死後，宦官趙高用計讓二皇子胡亥登上了皇位……」

妞妞爸說得很認真，妞妞聽得投入極了，直到爸爸說完了，她還意猶未盡。「爸爸，這個故事可真有趣，每一個成語都有這樣的故事嗎？」妞妞好奇地問。見爸爸點頭後，她興奮地說，「太棒了，以後學習成語時，我都要聽一聽有關這個成語的小故事。」

從那以後，每當妞妞學習一個成語，媽媽都會將有關這個成語的小故事讀給妞妞聽。令妞妞媽吃驚的是，從那以後，妞妞再也沒有將成語用錯了。

成語是中華五千年文明發展的智慧結晶之一，是具有中華特色的傳統文化。成語是對歷史文明發展過程中的各類故事的總結，它可能蘊含了一段歷史淵源，也可能是一個有意義的民間故事的縮影，但都具有深刻的思想內涵。此外，在結構上，它短小精悍，易記易用，深受人們喜愛。

對孩子來說，不論是在課業上還是在生活中，成語都是很重要、很醒目的存在。在生活中，如果孩子說話時能將各種成語脫口而出，一來可以提升孩子的自我氣質，二來可以給他人一種舒適、見識廣泛之感；在學習中，成語作為中國文學中的精髓，會常常出現在國文考卷中。此外，孩子如果能在寫作文

時新增一些成語，那麼無疑會取得更高的分數。可見，學習成語對孩子來說非常重要。那麼，父母該如何教導孩子學習成語呢？

事例中的妞妞媽教孩子學習成語的方法，只會令孩子機械地去記憶，對成語缺乏更深層次的了解。而且，這種學習方法的記憶很短暫，時間一久，孩子很快就會忘記，最終會將學到手的成語再次還給父母。對年齡尚小的孩子來說，最適合的還是妞妞爸的教學方法，根據成語典故來教孩子。

絕大多數的成語都有故事或典故，比如常見的「畫龍點睛」、「精衛填海」、「揠苗助長」等。一旦孩子對這些典故熟悉了，那麼自然而然能將成語記入腦海。此外，這種學習成語的方法有趣不枯燥，孩子不會出現厭學的情緒。

當孩子學會一個成語時，不要讓孩子將其丟在一旁，要鼓勵孩子靈活地運用到日常表達中。只有用得多，孩子才會將這個成語越記越牢固。需要注意的是，當孩子將成語用錯時，父母要及時地、有耐心地去糾正。此外，父母可以選取一些含有成語的文章讓孩子閱讀，根據上下文的意思，孩子會加深對成語的理解。成語是當之無愧的漢語言文化瑰寶，也是中華文化凝結而成的璀璨明珠。中華詞庫中，成語多如牛毛，父母想讓孩子快速地全部掌握，無疑是不切實際的想法，但父母可以不斷地幫助孩子去累積、去記憶。

Chapter6　學會學習，比擁有知識更重要

選對方法，讓計算變得簡單而高效

不論是什麼國籍，不論多大年紀，每個人都要掌握一種技能──計算。因為生活中，每一天都少不了計算。計算會出現在工作、生活、娛樂中，計算能力強的人，各方面都會占據優勢，而計算能力弱的人，往往會很吃虧。而對孩子而言，計算就更為重要了，因為計算不僅出現在他們的生活中，還會出現在學習中。

嘟嘟是一名小學三年級學生。這一天，她手裡拿著考了65分的數學試卷垂頭喪氣地回到了家。一開門，就聽到爸爸正在考七歲的弟弟數學計算能力。

「回答正確，浩浩真棒！」爸爸笑著誇獎弟弟。

弟弟浩浩一臉得意地說：「只要是100以內的加減乘除，我都能用心算算出來。」

後來，爸爸又出了好幾個題目，浩浩都快速地答了出來。

嘟嘟低頭看了一眼自己的數學試卷，上面有很多計算題，可是十道有五道被她做錯了，她的分數全都扣在了計算題上。想到弟弟那麼聰明，她那麼笨，不禁大哭起來。

爸爸聽到哭聲後，趕緊跑到嘟嘟跟前，問道：「嘟嘟，好端端的怎麼哭了呀？」

嘟嘟哭著說：「我都知道了，我是你們撿來的小孩，弟弟

才是你們親生的。」

這話讓爸爸傻眼了，他向來都是女兒嬌養兒子糙養，明眼人都知道他是偏心女兒的。剛剛嘟嘟那番話如果出自浩浩之口，他一點也不會吃驚。他連忙哄女兒，然後問：「嘟嘟為什麼會有這樣的想法呢？」

「難道不是嗎？弟弟比我小，可是心算那麼快，我都已經上三年級了，計算能力還沒有他厲害。他那麼聰明，我那麼笨，一看就不是親姐弟。」嘟嘟說。

爸爸這時才發現嘟嘟的數學試卷，看到分數，嘴角不禁抽了抽。他深刻懷疑，這丫頭是不是因為沒有考好故意哭給他看。他仔細觀察了一下試卷中做錯的地方，發現分數都扣在了計算題上。他不禁感嘆，嘟嘟的計算能力還真是差，只是為什麼會那麼差呢？

爸爸拿來了一塊小黑板，在黑板上寫出了一道四則運算題：$45 \div 5 \times 7 + 65 - 18 = ?$

他讓嘟嘟與浩浩一起在小黑板上計算。當浩浩將答案寫完後，嘟嘟還在小黑板上打草稿，才計算到乘法這一步。這下，爸爸算是明白了，嘟嘟的計算速度非常慢，關鍵原因還是沒能掌握各種運算技巧。就拿他剛剛出的題目來說，三年級的學生應該能快速的心算出除法與乘法那兩步，因為這兩步都運用到了九九乘法表。後兩步的加減計算，可以心算，為了正確

Chapter6　學會學習，比擁有知識更重要

　　率高也可以筆算。可是嘟嘟沒有運用到心算，全都是一步步地計算。

　　小學三年級的計算題不算少，如果每一題、每一步都要用筆算，那麼時間肯定會不夠，並且距離考試結束時間越近，出錯的機率就越大。在訓練嘟嘟的計算能力前，爸爸一點點地教授嘟嘟各種計算方法，並有針對性地訓練。久而久之，嘟嘟在做計算題前，會先觀察一下題目，然後再選擇對的方法，這不僅加快了答題速度，還提高了正確率。

　　相信許多父母在提到孩子的計算能力時，都會頭痛不已，也可能會抱怨：「我的孩子計算能力差！」、「我的孩子明明很細心，可為什麼老是計算錯誤呢？」事實上，孩子計算能力差是因為沒有靈活地運用計算方法和計算技巧，而不能靈活運用，歸根結柢就是沒能牢牢地掌握。倘若牢牢掌握各種計算方法，並能靈活地運用，那麼計算效率會大大提高。就小學階段的孩子來說，需要掌握哪些計算方法呢？

　　小學階段的計算方法有心算、筆算、速算、巧算等。心算是筆算的基礎，一般依照九九乘法表來運用，它適用於兩位數以內的計算，這樣準確率才會高。心算對孩子的計算速度、計算技巧、思考速度要求較高，並且不是一朝一夕就能訓練出來的，必須要持之以恆地訓練。父母可以經常替孩子準備一些心算題，從簡單到難，慢慢訓練孩子的心算能力，時間久了，孩

子的心算能力就強了。

筆算，顧名思義，就是用筆來計算。這種計算方法適用於一眼看不出答案且沒有任何技巧可言的計算題。筆算雖然耗費時間，但準確率很高，不過，許多孩子在筆算時，常常將題目中的數字寫到草稿紙上時變成另外一個數字，一步錯，步步錯，最後當然會全錯。可見，練好筆算的關鍵之處在於細心，對此，父母可以有針對性地訓練孩子的細心度。

速算和巧算，其實就是計算中的一種簡便計算。在說這種神奇的演算法前，要先說一則有關速算的有趣故事。

愛因斯坦是一位著名的物理學家，有一天，他生病住院了，朋友們相約去看望他。為了替他解悶，其中一個朋友出了一道數學題給他。

題目是：2974×2926 等於多少？

愛因斯坦幾乎沒有思考，立刻將答案脫口而出：「8,701,924。」朋友們非常吃驚，愛因斯坦怎麼會算得那麼快？

原來，愛因斯坦運用了數學計算中的速演算法。他觀察了一下題目，發現 $74+26=100$，所以就先用 2900×3000，算出答案等於 8,700,000，而 $74 \times 26 = (50+24)(50-24) = 50 \times 50 - 24 \times 24 = 1924$，把兩個答案加在一起，就得到了 8,701,924。這道題在速演算法時運用到了乘法分配率，讓一道複雜的計算題變成了一道簡單的計算題。

Chapter6　學會學習，比擁有知識更重要

當孩子遇到一道運算量非常大的計算題時，不要立刻筆算，因為這類計算題內往往暗藏著計算技巧。所以，父母要教導孩子先觀察一些題目的結構和題中數字的特點，看看能運用到哪些運算定律。只要掌握了速算和巧算，計算就會變簡單，正確率也能提高。

所有的計算，只要用心觀察，都會發現口訣、竅門和捷徑，只有選對了方法，計算才能變輕鬆，孩子才會喜歡上計算。然而，任何一種計算想要達到理想的效果，都少不了訓練，因此，父母可以經常有針對性地訓練孩子的各種計算方法，讓孩子成為一個計算小天才。

學習英語，興趣才是最大的動力

我們的母語是漢語，每一個孩子從咿呀學語時就開始接觸它。孩子們迫切學習並掌握漢語，是因為漢語能夠滿足他們的自我需求，完成日常交際。然而，時代在發展，社會在進步，這就意味著，孩子還必須學習其他的語言——英語，因為英語是國際通用語，也是孩子學習生涯中必考的一門功課。

英語是孩子們學習的第二種語言，許多孩子在學習它時，已經不會像學習漢語時表現得那麼迫切了。這其中有多個原因，比如孩子會慣性的用漢語來完成交際、滿足需求；孩子在

日常生活中接觸或應用英語的機會並不多，尤其是在一些中小城市，英語在日常生活中無用武之地。

這些原因導致孩子很難對英語產生興趣，而學習英語的方法也多數是死記硬背。在小學階段，死記硬背學英語還能應付應付，可一到國中、高中，學習的英語單字越來越多，句式語法也越來越複雜，這樣的學習方式將變得毫無招架之力。漸漸地，學習英語就成了一個大難題，也會逐漸對英語產生牴觸心理。

李穎是一位事業心很強的女性，就職於一家規模頗大的外商。由於公司內的職員多數是華裔或外籍人員，致使李穎常常用英語去交流。李穎的語言天賦非常強，她的英語不論是說還是寫，都非常棒。

可是讓李穎頭痛不已的是，她那上小學三年級的女兒倩倩一點都沒有遺傳到她的語言天賦。最近一個月，她都不知道接到老師的第幾通電話了。老師在電話那頭總是憂心忡忡地對她說：

「倩倩媽媽，倩倩這一次英語單字又沒及格。」、「倩倩媽媽，昨天放學後，我要求孩子要將課本上的一篇英語小短文熟讀，可是倩倩不僅讀得不通順，而且許多單字的發音都讀錯了。她在家有好好讀課文嗎？」

「倩倩這一次的英語測試依然沒有及格，等步入國中、高

Chapter6　學會學習，比擁有知識更重要

中該如何是好！」每一次接到老師的電話，李穎的心都是懸著的，她思考老師的話，倩倩在家不用功嗎？恰恰相反，倩倩不僅好好地學習英語，而且學習的時間並不短。那麼，是因為倩倩笨嗎？當然不是，要知道倩倩做數學題常常都是手到擒來。那麼，倩倩為什麼學不好英語呢？於是，李穎抽出了一段時間，特地觀察倩倩是如何學習英語的。

這一天，倩倩起來得很早，她很用功地拿起英語課本念起英語音標：「e、æ、a、ɔ、ə……」接著，又讀起昨天老師剛剛教的英語單字：「apple、banana、pest……」

李穎覺得，倩倩的音標讀得滿標準啊，哪有老師說得那麼誇張。直到她走到倩倩身邊，看到英語課本上那些密密麻麻的國字，她才恍然大悟。原來，倩倩在英語課本上的每一個音標、每一個單字後面都標註了國字讀音。例如，音標「ə」，她在後面標註了國字「額」；單字「pest」，她在後面標註了「拍死他」。

李穎將那些國字擦掉，讓倩倩重新讀一遍，倩倩讀得結結巴巴，發音也極不標準。李穎不禁嘆了口氣，認真地問：「倩倩，妳喜歡英語嗎？」

「媽媽，說實話，我很不喜歡，這些英語單字就像天書一樣，我總是記不住。」倩倩一臉沮喪地搖搖頭，然後接著說，「可是考試會考英語，我不喜歡也要將它學好。」

學習英語，興趣才是最大的動力

「那妳喜歡數學嗎？」李穎又問。「喜歡。數學很有趣，就算不考試，我也會好好學習數學。」倩倩一臉開心地說。

李穎可以確定，倩倩之所以學不好英語，是因為對英語缺乏興趣。怎樣培養孩子對英語的興趣呢？李穎苦思冥想，最終決定將倩倩帶去自己的公司，讓倩倩處在濃厚的英語氛圍裡。

李穎的做法很有成效，倩倩在與那些幽默的外國人交談時，漸漸體會到英語的魅力，繼而喜歡上英語。

學習英語，興趣是關鍵。然而，許多父母並沒有像事例中李穎那樣的條件，可以為孩子創造一個學習英語的好氛圍，父母不妨可以這樣做：

父母與孩子一同外出時，可以讓孩子留意眼前看到的東西，並鼓勵孩子用英語說出這些東西的名稱，如果不知道，可以讓孩子查一查詞典。比如看到大樹時，就要說出大樹的英語單字是「tree」；看到街上的公車時，要說出其英文單字是「bus」等等。此外，也可以引導孩子觀察周圍標有英語字眼的標識，查一查其單字的拼寫是否有錯誤，如果找到一處錯誤，可以跟父母換取一些小獎勵，以此保持孩子的積極性。這樣的方式，不僅能幫助孩子累積詞彙量，還能發現學習英語的樂趣。

父母還可以在家中設定一個英語角落，在這個區域擺放一些有趣的英語讀物，讓孩子可以隨手翻閱，也可以規定每天一個小時的時間為孩子的全英文交流時間。在這段時間內，孩子

Chapter6　學會學習，比擁有知識更重要

想要什麼，都必須用英語去表達。漸漸地，孩子就會發現學習英語也是一件有趣而簡單的事，慢慢會對英語感興趣。

學好語言，光死記硬背是不行的，興趣才是關鍵。俗話說，興趣是學習的動力。只有激發孩子學習英語的興趣，以後才不會擔憂孩子學不好。

Chapter7
體驗是成長的助推器，
少說教、多讓孩子嘗試

　　人生的經驗，不是來自書本，也不是來自父母循循善誘的說教，而是來自親身體驗。

　　不要以「愛」的名義要求甚至強迫孩子，重要的是教給孩子判斷事物的能力和價值觀，鼓勵孩子多嘗試、多努力、多思考，學會勇敢地做出選擇，並對自己的選擇負責。就算孩子因此摔跤，他也會記住身上的「傷疤」因何而來。

Chapter7　體驗是成長的助推器，少說教、多讓孩子嘗試

「我是為了你好」不是孩子需要的答案

「昭昭，玩電腦會上癮，媽媽不讓妳玩是為了妳好。」

「昭昭，學跳舞可以提升氣質，媽媽送妳去跳舞是為妳好。」

「昭昭，妳不多花點時間用功，將來就沒辦法跟別人競爭，媽媽不讓妳出去玩是為了妳好。」

……

七歲的昭昭每天的時間都被媽媽安排得滿滿的，她做的每一件事都被媽媽規劃好了。每一次，她對媽媽決定的事情有所質疑、有所抗議時，媽媽都會對她說：「我是為了妳好。」直到最近發生的一件事，讓昭昭的小宇宙爆發了。

當時，昭昭紅著眼眶大聲質問媽媽：「媽媽，妳老是說為了我好，為了我好，可是我看不到我有哪裡好了！」

昭昭為什麼不再選擇忍氣吞聲呢？

原來，昭昭最近在社區裡認識了一個新朋友。昭昭很喜歡這個新朋友，因為新朋友和她年紀一樣大，有很多相同的愛好，比如她們都喜歡看《佩佩豬》，都喜歡穿公主裙，都喜歡讀童話故事等等。

每天晚上吃完飯，爸爸媽媽帶昭昭出去散步時，昭昭都

會找也出來散步的新朋友聊天，兩個小女孩彷彿有說不完的話。有時媽媽喊昭昭回家，昭昭還不願意回去，這令媽媽有些不滿。

這一天，爸爸和媽媽散完步帶昭昭回家後，還沒有坐下，媽媽就迫不及待地對昭昭說：「昭昭，媽媽發現妳最近對課業有些注意力不集中，是不是讀書的時候也在想著與新朋友聊天的話題呢？為了妳好，媽媽覺得妳要減少與新朋友玩耍的時間。」

正是因為媽媽的這句話，讓昭昭再也忍受不了，才質問了媽媽什麼是為她好，到底她好在哪裡了。最後，昭昭還哭著說：「媽媽，妳說玩電腦會上癮，可是我都沒有玩過電腦，妳怎麼就知道我會上癮呢？你又說學跳舞可以提升氣質，可妳有沒有問過我喜不喜歡跳舞？妳說要多花點時間用功，可是我不覺得花那麼多時間在功課上令我的成績有所提高。現在，妳又來干涉我交朋友！如果妳做的這些都是為我好，我寧願妳不對我好。」說完，昭昭就回自己房間了。

媽媽聽了昭昭的話，不禁有些傷心，她覺得做這些真的是為了昭昭好，可昭昭為什麼不理解？昭昭爸爸聽完昭昭的控訴後，嘆了口氣說：「我想，我們應該學會放手，讓孩子嘗試她自己的選擇。她說得對，我們沒有讓她嘗試，沒有讓她選擇，又怎麼知道是為她好呢？」

Chapter7　體驗是成長的助推器，少說教、多讓孩子嘗試

　　相信，很多父母都會和昭昭的媽媽一樣，不管什麼事，都喜歡替孩子做決定，並且認為自己做出的決定才是最好的，理由是自己的人生經驗比孩子要豐富。如果孩子說出了自己的想法，或是不願意接受父母的決定，父母就會搬出那句老調重彈的話：「我是為了你好。」可是，父母口中的「我是為了你好」，是真的為了孩子好嗎？

　　一些父母怕孩子接觸電子產品會上癮，就從不讓孩子玩，但卻從來沒有想過後果，殊不知不接觸電子產品會讓孩子與這個資訊時代脫節；一些父母替孩子選擇興趣愛好，會選擇他們認為對孩子有益的愛好，卻從沒有想過孩子只有學自己感興趣的愛好，才能將這個愛好持之以恆地學習下去；一些父母剝奪孩子週末的休閒時光，讓孩子埋頭在學海中，卻從沒有想過就是機器也需要有休息的時間。不可否認，很多時候父母口中的「我是為了你好」，的確是為了孩子好，但更多時候，這句話卻像一個毒瘤，在慢慢傷害孩子。

　　有一部名為《可可夜總會》的動漫電影，電影裡的男主角是一個名叫米高的小男孩。米高非常喜愛音樂，可是他的祖母卻對音樂很反感。因為祖母的丈夫由於追尋音樂夢想而拋棄了家庭，她便認為音樂會毀了一個家庭。

　　可是米高太喜歡音樂了，他想說服祖母接受他追尋音樂的夢想，但是祖母一點也不接受，而且她還砸壞了米高自製的吉

他。米高既傷心又憤怒，他對祖母說：「這樣一個家庭真令我討厭。」說完，他就離開家了。

後來，米高進行了一系列冒險，意外進入了亡靈界。米高重返人間的唯一途徑就是要得到長輩對他的祝福。祖母對米高的祝福條件是，回家之後不准再接觸與音樂有關的東西。米高問祖母為什麼這麼反對他喜愛音樂，祖母說：「我是為了你好。」在祖母眼中，音樂是害人的東西，害得她家庭破碎，而她愛米高，就希望米高不要被音樂所控制。

祖母愛米高嗎？當然很愛。但她所謂的愛和所謂的「我是為了你好」，是建立在對孩子的控制上。在這個社會中，有許多像祖母這樣「愛之深，責之切」的父母，都打著「我是為了你好」的旗號，對孩子進行各種控制。殊不知，這樣的行為會讓父母不知不覺忘記考慮孩子的選擇與決定，而孩子也會變得失去自我，變得沒有主見。

孩子是一個獨立的個體，不是父母的複製品，也不是父母的附庸。孩子總是會有自己的想法的，也有自己對未來的規劃，他終有一天要學會自己做決定。父母需要明白，多次代替孩子做決定的行為，會讓孩子失去自己的判斷力和價值觀，這對孩子以後的成長有百害而無一利。所以，父母如果真的愛孩子，就該給予孩子平等交流的權利，給予孩子自己去選擇的機會，並讓孩子嘗試自己做決定。

Chapter7　體驗是成長的助推器，少說教、多讓孩子嘗試

父母不需要擔心孩子會失敗，因為只有經歷失敗，孩子才會汲取教訓和總結經驗。父母只需要做孩子身後最堅強的後盾即可。

孩子需要學會決策，責任感從選擇開始

美國前總統雷根（Ronald Wilson Reagan）年幼時發生了一件趣事。

雷根十一歲的時候，非常喜歡踢足球。有一次，他不小心把鄰居的窗戶玻璃踢碎了，他主動找到鄰居，協商的結果是，鄰居讓雷根賠償一筆錢。那是一筆不小的數目，雷根根本拿不出那麼多錢，無奈之下，只好回去找爸爸。爸爸得知事情的經過後，讓雷根自己想辦法。

雷根很沮喪，他表示自己沒有那麼多錢，希望爸爸可以借給他。雷根還保證，自己會在一年內將這筆錢還給爸爸。最後，爸爸答應了。從那以後，雷根也開始了自己艱苦的打工生涯。

從這則小故事中，我們不難看出，雷根是一個非常有責任感的人。面對踢壞鄰居玻璃這件事，他沒有選擇逃避，而是主動為自己的行為負責，承擔起責任。後來，他選擇向爸爸借錢，也果斷承擔起責任，開始了自己的打工生涯。雷根做出了

兩次決定，每一次決定的後果他都勇敢地去面對。正是因為這種不懼選擇的品格，勇於面對決定的後果，才為雷根成為美國總統奠定了基礎。

其實，不只是雷根，每一個孩子都該承擔自己的行為，為自己的決定負責。而有責任感的孩子，也從來都不害怕做決定。因為這些孩子明白，無論自己的決定是好是壞，他都會勇敢地面對，承擔起決定的後果。

奇奇是一個九歲的小男孩，他五歲那年去舅舅家玩時，看到舅舅家的姐姐在拉小提琴。優雅悅耳的琴音立刻讓奇奇沉迷其中，一回到家就讓媽媽送他去學小提琴。奇奇對自己的選擇非常負責任，他每天都堅持練習，以至於小小年紀就能拉一手出色的小提琴，這也讓爸爸媽媽非常自豪。

最近，奇奇雖然在拉小提琴，但時不時會走調，看上去心不在焉。媽媽發現奇奇的不對勁後，就問奇奇：「奇奇，你是不是最近有什麼煩心事？你可以告訴媽媽，媽媽或許能幫你呢！」

奇奇嘆了口氣說：「媽媽，老師跟我們說，最近有一個電視臺要舉辦一場名為『我是小小音樂家』的比賽。想要參加比賽的小選手們都可以去參加海選。」

「你最近就是在為這件事煩心嗎？可是，這有什麼好煩惱的呢？」媽媽又問。

Chapter7　體驗是成長的助推器，少說教、多讓孩子嘗試

「我不知道我要不要參加。」奇奇一臉迷茫。「奇奇，為什麼會這麼說呢？」媽媽摸了摸奇奇的頭。

奇奇一臉糾結地說：「媽媽，我學習小提琴好幾年了，我很想知道我去比賽的話，能獲得一個什麼樣的名次，可是我又害怕海選時就被淘汰。」

媽媽笑了笑說：「不管是晉級還是淘汰，它能影響你對小提琴的態度嗎？難道你獲得了第一名，或是海選被淘汰了，你就再也不拉小提琴嗎？」

奇奇堅定地說：「當然不會，我很喜歡小提琴，我會一直拉下去。」、「是的。如果你獲得一個好名次，你會繼續練習，讓自己的小提琴拉得更好。如果你海選被淘汰，你會更加努力去訓練，以求進步。」媽媽拍了拍奇奇的肩膀，然後繼續說，「奇奇，你要知道，每個人一生都會有許多選擇和決定，有選擇就有成功與失敗。只要你勇於承受失敗，那麼就可以不懼怕任何的選擇與決定」。

在媽媽的鼓勵下，奇奇選擇了參加小提琴比賽。因為年紀尚小，奇奇在比賽中並沒有取得好成績。但是這一次比賽卻讓奇奇明白了，他拉小提琴的技巧還有許多不足的地方，他需要更加努力地學習和訓練，獲得更大的進步。

人生就像一條內流河，它有許多的岔道，每一個岔道其實都是一個選擇。正如奇奇媽媽所說，有選擇就會有成功和失

敗，成功了我們自然喜歡，但失敗了也不用氣餒。只要有承擔失敗的勇氣，那麼就可以不害怕做任何決定。因此，父母要著重培養孩子勇於承擔責任的品格。

怎麼培養孩子的責任感呢？可以讓孩子做一些力所能及的事。父母不要將孩子當成溫室裡的花朵，不要這也不讓孩子做，那也不讓孩子做，這會讓孩子無法養成責任的概念，那樣還談什麼承擔責任呢？父母要經常刻意替孩子安排一些他們力所能及的事，比如可以讓孩子每天替花澆水，讓孩子明白照顧花草是他的責任，如果他不認真對待，不堅持下去，那麼花朵就會枯萎，最後死去。

此外，父母不要將孩子當成孩子看待，應該要將孩子看成一個小大人。父母可以與孩子商量一些家事，聽一聽他們的建議，如果他們的建議很不錯，父母可以採納，以此讓孩子對家庭產生責任感。

最重要的一點，父母要交代孩子不要推卸責任，要勇於承擔責任。父母可以經常在孩子耳邊唸叨這樣一些話：「這是你自己選擇的」、「這是你自己造成的」、「既然選擇了，就要勇於承擔它」等等，或是在孩子面前說一說名人勇於承擔責任的故事，在無形中為孩子灌輸自己的責任自己承擔的觀念，潛移默化地訓練孩子的責任感。孩子有了責任感，才不怕做任何決定。

Chapter7　體驗是成長的助推器，少說教、多讓孩子嘗試

完美的選擇來自對結果的思考

　　森林裡有一頭牛，有一天不小心撞倒了一棵非常粗壯的大樹，牛便認為自己的牛角是世界上最堅硬的，事實是，這棵大樹的樹心被螞蟻啃食空了。然而，牛卻不知道，因此還向森林之王獅子下了戰書，想要取代獅子的大王之位。

　　獅子接到戰書後，非常爽快地答應了。

　　戰鬥那天，森林裡的小動物全都來圍觀，大家都覺得不可思議，問牛怎麼會有向獅子挑戰的想法，牛得意地說：「我有世界上最堅硬的角，獅子一定會敗在我的牛角之下。」

　　與牛交好的斑馬說：「我看你還是投降吧，你打不贏獅子的。」

　　同樣擁有角的羚羊也說：「我的羊角也又長又堅硬，但我不敢向獅子挑戰。」牛看了一眼羚羊的角，覺得羚羊的角比自己的角還要大，還要堅硬，於是好奇地問羚羊為什麼不敢向獅子挑戰。

　　羚羊說：「獅子雖然沒有角，但牠卻有迅速的速度，矯健的身體，尖銳的牙齒和爪子。只要牠跳上了你的背，牠的爪子會扎進你的肉裡，牠的牙齒會咬住你的氣管。無論你怎麼扭動，都沒法把牠甩下來。直到你的氣管被牠咬斷，牠才會鬆開你。」

羚羊的一番話讓牛突然想到了自己的同伴是怎麼被獅子吃掉的，牠不禁後悔向獅子發戰書了。然而，獅子已經應約而來。正如羚羊所說，牛最後葬身獅子腹中。

這是一則很有寓意的小故事。故事裡的牛高傲自大，仗著自己有點本事，便選擇向獅子下戰書，然而牠在下戰書前，渾然沒有想過獅子的過人之處。毫無例外，牛被獅子吃掉了。這個故事告訴人們，在我們選擇做一件事情前，一定要想一想後果，千萬不能像牛那樣莽撞地去選擇，否則吃虧的就是自己。

相信很多父母在看完這則小故事後，會不自覺地聯想到自己的孩子。似乎我們的孩子選擇做一件事，很多時候都是如牛這般盲目地去選擇，從不想一想選擇後的結果是什麼。正是因為孩子們不計後果地去選擇，父母才會看不下去，然後很自然地剝奪孩子的選擇權，讓孩子少走一點彎路。

父母這樣做無可厚非，但儘管孩子總是要面臨選擇後的失敗，我們依然不能剝奪孩子的選擇權。對孩子們來說，他們在一些事情上的選擇的結果都是可以預見的，因此，父母在孩子選擇的時候，可以給予孩子一些幫助，比如引導孩子思考一下選擇後的結果是什麼，這個結果他們是否承擔得起。對孩子來說，知道結果的選擇才是最完美的選擇。

李軸是一名九歲的小男孩，國文成績一向差得慘不忍睹。為了讓李軸能下點功夫學習國文，李軸的媽媽便和李軸約法三

Chapter7　體驗是成長的助推器，少說教、多讓孩子嘗試

章，約定李軸的國文成績這次期末考試如果能考到 80 分的話，就帶他出國旅遊一趟。

李軸長這麼大，都沒有去過國外，心裡對國外的風土人情充滿好奇。為此，他真的下了一番功夫，每天都認認真真地複習，在期末考試時，國文考到了 85 分，這可把李軸的爸媽高興壞了。要知道，李軸的國文成績從來都是在及格邊緣徘徊的。

爸爸高興地對李軸說：「兒子，這次我們給你選擇權，你想去哪裡玩啊？」

「我想去非洲大草原玩。」李軸興奮不已地說。

媽媽好奇地問：「為什麼你想去非洲大草原呢？」

李軸說：「是我的同學推薦我去的。他說非洲大草原有許多野生動物，這些動物都不受人類管束，我們人類可以近距離觀賞。」

媽媽拍了拍李軸的頭，說：「兒子，在你選擇去非洲大草原前，你有想到去之後是一幅什麼樣的情景嗎？」

「媽媽，我都沒有去過，我怎麼知道去之後的事呢？」李軸皺著眉頭不解地說。

爸爸笑著說：「現在科技這麼發達，你電腦那麼厲害，怎麼就不知道在網上搜尋一下有關非洲大草原的資訊呢？看看你心目中的非洲之旅和真實的非洲之旅是否一樣。」

在爸爸的提醒下，李軸打開了電腦，在電腦上搜尋到非洲大草原的資訊，等看完後，不禁唏噓說：「爸爸媽媽，幸好聽了你們的話搜尋了一下非洲大草原的資訊，不然我們到了之後，我一定會非常後悔。」

在爸爸媽媽目光注視下，李軸繼續說：「我們現在這個天氣過去，非洲大草原的氣溫將高達攝氏50幾度，這麼熱的天氣別說近距離觀察野生動物了，我們恐怕都要被晒成魚乾。而且，我們並不能近距離接觸動物，全都要坐在裝有安全護欄的裝甲車裡觀看，這跟去動物園看動物有什麼區別呢？關鍵是，我們還有碰到大型野生動物和偷獵者攻擊的危險。」

「所以呢？」爸爸問。「我決定不去非洲了。在選擇去哪裡前，我要做一番調查。」李軸十分嚴肅地說。

爸爸點點頭，對李軸說：「兒子，不只是我們這次旅遊地點的選擇，在很多事情的選擇上，我們都可以先想一想選擇後的結果是什麼，只有預料到結果，我們才能做出最完美的選擇。」

如果李軸不考慮後果，直接選擇去非洲大草原的話，毫無疑問，這將是一次非常不美妙的旅行。但是做一番調查，制定一個旅遊攻略的話，雖不能保證就可以百分之百按照自己預期的那樣旅行，但也能讓自己在這趟旅行中少走很多彎路。孩子在做選擇之前，父母可以引導孩子想一想這幾個方面：

Chapter7　體驗是成長的助推器，少說教、多讓孩子嘗試

　　首先，選擇後的結果是好是壞？其實，很多孩子都和李軸一樣，在做一些選擇時，都不是用大腦思考，而是盲目、莽撞地去選擇。但很多時候又如李軸的爸爸所說，大部分需要孩子們去選擇的事情，結果是可以預見的。如果預見的是一個好的結果，那麼就可以毫無顧慮地去選擇，如果預見的是一個不好的結果，那麼就可以果斷地不去選擇。

　　其次，選擇後的結果孩子是否能承擔得起。有些時候，需要孩子去選擇的事情的結果並不明確，可能好與壞、成功與失敗各一半。這個時候該怎麼選擇呢？俗話說，明知山有虎，偏向虎山行。如果選擇後的結果是孩子可以接受且承擔得起的，那麼就可以選擇。如果選擇後的結果是孩子無法承受且承擔不起的，那麼就可以不去選擇。

　　選擇並不是憑感覺，也不是憑衝動，因為這樣選擇後的結果往往是弊大於利的，只有讓孩子學會先思考後果，才能做出完美的選擇。

學會取捨，是成長的必修課

　　「草莓糖和蘋果糖，你只能選擇一個。」、「溜冰鞋和滑板，你只能選擇買一個。」、「粉色公主裙和白色公主裙，妳只能選擇一件。」

……

生活中，當孩子碰到自己喜愛的東西時，不禁會產生「我都想要」的想法。然而，現實很殘酷，父母會對孩子說一些兩者擇一的話。那麼這個時候，孩子的選擇是什麼呢？

有些孩子會思考一番後果斷選擇，有些孩子會糾結不已地選擇，還有一些孩子則會打滾耍賴不去選擇，企圖用這樣的方式兩者兼得。對於一些微不足道的小事，很多父母會成全孩子，讓孩子魚與熊掌兼得，但面對一些不得不去取捨的事時，就必須要孩子做出一個選擇。

孩子的成長就像一條路，路上有數不盡的風景，也有數不清的岔路口。而每一個岔路口其實都是一次取捨的選擇，因為選擇了這個路口，將會錯過放棄的那個路口的風景。取與捨是孩子成長路上的必修課，父母要教導孩子正確看待取捨，及時培養孩子對取捨的選擇能力。當孩子具備了這種選擇能力後，他的人生道路將會更加順暢。

洋洋今年七歲了，是一個聰明可愛的小男孩，媽媽李娜也一直很注意對洋洋的全面教育，想把洋洋培養成文武雙全的人。

洋洋非常自覺，每天都會主動複習，成績非常好，所以李娜便想替洋洋報一個才藝班。李娜是一個很有想法的女性，她不想跟隨流行讓孩子學習那些很多人都學的興趣愛好，她想讓

Chapter7　體驗是成長的助推器，少說教、多讓孩子嘗試

孩子學習他自己感興趣的東西。

這一天，洋洋放學後，李娜就問洋洋：「兒子，你不是一直想要上才藝班嗎？媽媽準備送你去。不過媽媽尊重你的選擇，說說看，你想上什麼才藝班？」

洋洋歪著腦袋想了一下，問：「媽媽，我可以上幾個才藝班呢？」

李娜笑著說：「興趣在精不在多，當然只能選擇一個。而且你還要念書，根本沒有那麼多時間去學好幾個。」

洋洋聽後，一臉糾結地說：「媽媽，我想學小提琴，也想學畫畫，還想學跆拳道。對了，街舞我也很喜歡。怎麼辦，我該怎麼選？」

李娜拍了拍洋洋的肩膀說：「媽媽也幫不了你，你可以選擇一個你最喜歡的興趣。」

「媽媽，一時半會兒我也選擇不出來。這樣吧，我先想一想，明天再告訴妳。」洋洋嘆了口氣說。

第二天，李娜問洋洋選擇了什麼，洋洋苦惱地說還沒有想好，表示還想思考幾天。過了幾天，李娜再次詢問，洋洋依舊沒有選擇出來。就這樣拖拖拉拉半個多月，洋洋還是沒有選出一個結果。看到兒子這麼優柔寡斷，李娜不禁皺起了眉頭。她下了最後通牒，說：「洋洋，媽媽明天早上就帶你去報名，你今天必須做出選擇。」

洋洋一聽，立刻著急地說：「媽媽，妳給的時間太短了，我肯定選不出來。」李娜摸了摸洋洋的腦袋，意味深長地說：「洋洋，如果你是一名醫生，馬上要替病危的病人用藥，可是你卻因為選擇哪一種藥而猶豫不決，病人能有時間等嗎？」

洋洋搖搖頭說：「沒有。」、「是的，沒時間等。」李娜又繼續說：「在這個世界上，我們每個人都會面臨一些取捨的選擇，有選擇就意味著有得有失。你是一個獨立且有思想的人，你要學會在取捨中去選擇，這對你的成長非常重要，你懂了嗎？」

「媽媽，我明白了。」洋洋點點頭，最後說，「我決定了，我還是選擇學習街舞吧，這是我最初的一個興趣愛好，選擇它我一定不會後悔。」

就這樣，李娜帶著洋洋報名參加了街舞班。

相信很多孩子都和洋洋一樣，在選擇自己喜愛的興趣愛好上搖擺不定，糾結不已，恨不得什麼都想學。可是，一個人的精力是有限的，不可能每一個都去學習。就像李娜說的，興趣在精不在多，只有全心全意地學習一項，才能將那一門興趣學好。那麼，這個時候就不得不做出選擇。

在面臨取捨的選擇前，父母可以幫助孩子做一做功課，讓孩子做出一個正確的選擇。

首先，父母可以幫助孩子正確認知取捨。著名的「塞翁失馬，焉知非福」的故事家喻戶曉。故事說，在很久以前，有一

Chapter7　體驗是成長的助推器，少說教、多讓孩子嘗試

個老翁丟了一匹馬，正當他為丟失馬而傷心時，他的馬又回來了，而且還帶了一群馬回來。得了馬群的老翁高興極了，卻沒想到兒子在騎馬時摔斷了腿，成了殘疾，老翁為此痛心不已。在朝廷四處徵兵的時候，老翁的兒子因為殘疾免除了兵役，沒有死於戰場。

不可否認，有選擇，就會有取捨，但有時候捨棄並沒有我們想像中的那麼不好，就像故事裡的老翁，他的馬丟了，但他又得到了一群馬，他的兒子摔斷了腿，但卻被免了兵役。所以，捨棄並不是禍，取得也並不是福。只有正確看待取捨，才能做出一個不遺憾的選擇。

其次，引導孩子學會正確地比較。孩子很多時候拿不定主意做選擇，是因為選擇的事物都很好，或是都不好。這個時候，就需要讓孩子比較一下選擇項目，斟酌一下哪個選擇是對自己有利的，或是哪個選擇的弊端是最小的。有了比較後，才能做出一個最佳選擇。

人的一生需要經歷無數次選擇，沒有誰能夠保證自己的每一個選擇都是正確的，都是對自己有百利而無一害的。有選擇就會有取捨，只有引導孩子擁有正確心態，才能讓孩子對自己的選擇不後悔，才能讓孩子不再懼怕選擇。

未知的世界，只有親自體驗才能了解

相傳，在很久以前，江河湖泊裡有一種長相怪異的甲殼蟲。牠長了兩隻大螯八隻足，那對大螯不僅能夾斷樹枝，還會夾人，於是人們便替牠取名「夾人蟲」。後來，大禹去江南治水，看夾人蟲氾濫成災，便派一個名叫巴解的壯士去治理。

巴解覺得，一隻隻去處理太費事，而且還容易被夾。他想了一個法子，在夾人蟲氾濫的湖泊周圍挖了好幾條長坑，並往坑內倒入了煮沸的水。夾人蟲一爬上湖泊，紛紛跌入坑裡被燙死。被燙死的夾人蟲渾身通紅，還散發出一股誘人的香味。

巴解非常好奇，便把夾人蟲的殼剝開，這一下，香味更加濃郁了。巴解想，這東西這麼香，是不是可以吃呢？當他準備要咬一口時，周圍的百姓紛紛勸他不要吃，並推測這種夾人蟲可能有毒。

巴解說，有毒沒毒，只有親自嘗一嘗才知道。所以，他壯著膽子咬了一口，哪想到味道鮮美極了，比他吃過的任何山珍海味都要好吃。百姓們看巴解吃得津津有味，且沒有中毒的跡象，不禁也胃口大開，紛紛吃了起來。就這樣，一傳十，十傳百，令人又恨又怕的夾人蟲一下就成為家喻戶曉的美食。

後來，人們為了紀念第一個吃夾人蟲的巴解，就將他名字裡的「解」字下面加個「蟲」字，將夾人蟲正式命名為「蟹」，也

Chapter7　體驗是成長的助推器，少說教、多讓孩子嘗試

就是現今我們吃的螃蟹。而「蟹」也意指巴解征服夾人蟲，是天下第一個吃蟹的人。

在沒有吃螃蟹前，螃蟹究竟有毒沒毒呢？相信誰也不能篤定地說有毒或沒毒，因為只有親自嘗過，才知道有沒有毒。其實，世界上很多事物，在沒有嘗試之前，誰都不知道結果如何，只有嘗試過後，才能得到自己想要的答案。

然而，因為一些事物的潛在危險，很多父母在看到孩子選擇嘗試一些新鮮事物時，會不由自主地剝奪孩子選擇的權利，阻止孩子去嘗試，以至於我們常常會看到：當孩子想要爬樹時，父母會擔心孩子摔下來而去阻止；當孩子想要參加一場長跑比賽時，父母會擔心孩子體力虛脫而去阻止；當孩子想學腳踏車時，父母會擔心孩子摔傷而去阻止……

不可否認，父母的阻止是出於對孩子的保護，但孩子就像雛鷹，他們總有長大的一天，總要獨自翱翔於藍天。俗話說得好，千萬次說教，不如孩子的一次嘗試。父母應該學會尊重孩子的選擇，鼓勵孩子去嘗試新事物。只有嘗試了，孩子才會獲得經驗和汲取教訓，也才能學會掌握判斷問題和解決問題的能力。

小凱是一個非常調皮的小男孩，幾乎沒有一刻能停下來，就算在學校上課，也是小動作不斷，注意力難以集中，以至於成績一直不上不下，媽媽秦嵐為此頭痛不已。

未知的世界，只有親自體驗才能了解

秦嵐為了培養小凱的耐心與專注力，便將小凱送去學象棋。哪想到，小凱一天也待不住，完全不感興趣。後來，秦嵐又陸陸續續送他上了好幾個才藝班，學習效果都不佳，耐心與專注力也沒培養出幾分。

忽然有一天，小凱在電視上看到競技疊杯的節目，立刻被參賽選手們快得看不清的手速吸引住了，他想也沒想，立刻跑去對秦嵐說：「媽媽，我想學習競技疊杯，妳送我去學吧！」

其實，小凱心裡也沒有譜，他以前學什麼都是三分鐘的熱度。就像在不久前，他向媽媽提議要學習魔術方塊，可是不到一週，他就沒興趣了。競技疊杯和魔術方塊都是性質差不多的才藝，媽媽說不定不會答應。

在秦嵐沒有開口前，小凱嘆了口氣，率先說：「算了，我還是不要學了。」秦嵐好奇地問：「怎麼又不想學了呢？」

「我怕我又是三分鐘的熱度。」小凱說。

然而，秦嵐卻鼓勵小凱說：「兒子，是不是只有三分鐘的熱度，媽媽猜不到，你也猜不到，只有嘗試一下，我們才能知道結果。說不定，你就對競技疊杯很感興趣呢！既然有想法，那就去嘗試，媽媽永遠支持你。」

小凱感動極了，在媽媽的鼓勵下，他參加了競技疊杯訓練班。

讓人意外的是，小凱常常能連續訓練兩三個小時，從不喊

Chapter7　體驗是成長的助推器，少說教、多讓孩子嘗試

苦喊累，此外他在競技疊杯上非常有天賦，僅僅學習了一個月，手速和正確率就比學習了一年多的孩子強。更令秦嵐欣喜的是，小凱的耐力與專注力有了顯著的提升，他現在不管是在課堂上學習，還是回家學習，都是非常有耐心。

就這樣，小凱堅持練習競技疊杯兩年多了，當看到將舉辦全國少兒競技疊杯比賽的消息後，猶豫不決的小凱在媽媽的鼓勵下勇敢報名了。最終，小凱一路過關斬將，憑著自己的能力與運氣，奪得了大賽的季軍。

如果小凱不去嘗試競技疊杯，那麼他絕對不會知道自己會有這方面的天賦，媽媽也將繼續為小凱的調皮和注意力不集中而頭痛。如果小凱不報名參加競技疊杯比賽，那他也不會知道自己的實力如何，也無法預知自己在比賽中將取得一個什麼樣的成績。正是因為有了嘗試，才讓小凱知悉了自己的天賦，才在比賽中獲得季軍。而媽媽也因為給予孩子嘗試的機會，鼓勵孩子去嘗試，得到了自己想要的結果。

嘗試其實是一種勇氣，父母如果經常阻止孩子去嘗試，無疑會令孩子漸漸失去勇氣，繼而讓孩子失去獨立的能力。而孩子的一生會面臨無數的選擇，失去勇氣與獨立能力的孩子不僅會在選擇上顯得優柔寡斷，遭遇挫折後也很難站起來。這樣的結果，對孩子的人生來說顯然是有百害而無一利的。

螃蟹有毒沒毒，梨是酸是甜，咖啡是苦是辣，只有讓孩子

一一嘗試，才會知道。所以，父母不僅不能阻止孩子去嘗試，還要鼓勵孩子去嘗試。那麼，有什麼好辦法可以讓孩子選擇積極的嘗試呢？

父母可以用輕鬆的口吻激勵孩子。很多時候，孩子想要嘗試一件新事物，但因為不夠自信和缺少勇氣，繼而退縮。這時候，父母要給予孩子勇氣，要用輕鬆且激勵的口吻去鼓勵孩子勇敢嘗試。例如，孩子想要學習游泳，但又害怕溺水，父母可以對孩子說一些「不用怕，你可以的」、「你是最勇敢的」等激勵的話。只有幫助孩子鼓起勇氣，建立自信，孩子才會不懼怕任何選擇與嘗試。

此外，父母要給予孩子自主權，不要隨意否定孩子的選擇。其實，每一個孩子都是天生的冒險家，面對新奇的事物，都有一探究竟的欲望。但是，由於父母無形中對孩子自主權的剝奪，會令孩子漸漸喪失那種勇於冒險、勇於嘗試的精神。只有父母尊重孩子，給予孩子自主權，孩子才會變成那個不懼一切的勇士。同時，對於孩子的一些選擇，父母可以點評，或是給予一些好的、令孩子少走彎路的建議，但絕不能隨意去否定孩子的選擇，因為這會令孩子對自己的選擇產生懷疑，繼而失去嘗試的動力。

不翻越高山，人們永遠都看不到高山背後的那片海；不越過大海，人們永遠都看不到與海相連的那片陸地。只有將孩子

Chapter7　體驗是成長的助推器，少說教、多讓孩子嘗試

培養成一個勇於嘗試的孩子，他才不會懼怕一切選擇，而他的人生也將因為勇敢和堅強而綻放出最絢麗的光彩。

鼓勵孩子掌控自己的小天地

很多父母一定會碰到這樣一個難題：孩子向來乖巧懂事，突然有一天變得非常叛逆。例如，父母讓他安靜一點，他偏要吵鬧不休；父母讓他穿運動鞋上體育課，他偏要穿休閒鞋；父母替他做好了營養健康的早餐，他偏要吃外面小巷子裡的早餐⋯⋯總之，父母不允許做什麼，他們偏要做什麼，怎麼胡鬧怎麼來。

很多時候，孩子的心裡很清楚，他們知道父母的話和建議是為他們好，但他們依然選擇與父母針鋒相對。這是為什麼呢？其實，這些叛逆的行為是孩子「自我意識」覺醒的表現，他們想要用這種與父母唱反調的方式來吸引父母的注意力，以此讓父母歸還他們自主權。

每個人都是獨立存在的，誰都希望自己是自己的主人，孩子也不例外。從孩子出生起，他就有了自己的想法，餓了會哭，身體不舒服會哭，尿床了也會哭，哭是他們表達自我思想的一種方式。再長大一點，孩子會對各種事物好奇，並且向父母問東問西，也會對一些事物發表自己的看法，而這正是孩子

「自我意識」朝「自我主權」發展的一個演變過程。

孩子希望有自己的權利，希望在自己的小地盤上當大王。身為父母，我們不能一味地認為自己的決定是為了孩子好，從而剝奪孩子的自主權。父母要及時察覺孩子的叛逆行為，給予孩子足夠的自主權。要知道，長期無視孩子的選擇與想法的話，會讓親子關係產生極大的矛盾。

包包是一名小男孩，他們家最近買了一間新房子。媽媽告訴包包，其中一個臥室將是包包的房間。包包為即將獲得屬於自己的小房間而高興不已，整天纏著媽媽問什麼時候裝潢。

包包雖然只有七歲，但卻非常有主見，電腦也很厲害。他早早就在網上尋找臥室的設計圖，並想好了自己的臥室要裝潢成什麼樣子。終於等到裝潢時，他迫不及待地對媽媽說：

「媽媽，我想要把房間貼上藍色的帶有浪花的壁紙。」、「我的床要海盜船造型的，天花板上要裝飾一些星星和月亮，讓我有一種在大海裡躺在海盜船上看星空的感覺。」、「媽媽，妳看過《哈比人》嗎？我房間的家具要像哈比人家裡的家具一樣。」

……

包包媽一開始還很有興趣聽包包說自己幻想的房間模樣，但說了幾點後，媽媽不自覺地皺起了眉頭。她對包包說：「兒子，我們家裝潢的總體風格偏向現代簡約，你說的裝潢風格和我們家一點都不搭。我看，你還是交給媽媽來幫你設計吧！你

Chapter7　體驗是成長的助推器，少說教、多讓孩子嘗試

放心，媽媽一定會幫你裝潢出一個你喜愛的房間。」

媽媽的話讓包包非常生氣，他不禁氣沖沖地說：「媽媽，妳裝潢得再好看，我也不會喜歡，我只喜歡按照我的設計裝修出來的房間。」

包包的話，媽媽沒有當真，她按照自己的設計替包包裝潢臥室。其間，包包都沒有看自己的房間被設計成了什麼樣子。直到裝潢結束，他才跟著爸爸媽媽一起去看房子。

「包包，看看你的房間，喜不喜歡？」媽媽打開包包的臥室，迫不及待地問包包。

包包的臥室被媽媽裝潢得簡潔大氣，讓人一眼看去非常舒適，但是包包的臉上沒有露出丁點喜愛的表情，他皺著眉頭噘著小嘴說：「我才不喜歡。」

過了一段時間，包包一家住進了新房，包包對他的臥室進行了一系列破壞。他會拿著蠟筆在淡黃色的壁紙上亂塗亂畫，他會用手將床上的靠墊摳出一個個小洞，他會在新買的書桌上貼滿貼畫，他也從來不收拾自己的房間。

種種行為，終於惹火了媽媽，媽媽生氣地質問包包：「你以前不是想要一個屬於自己的房間嗎？為什麼現在有了卻不珍惜呢？」

「我的房間不是應該由我做主嗎？可是這個房間是按照妳的設計裝潢的，它根本就不屬於我。」包包生氣地反駁後，跑

回房間,「砰」的一聲關上了門。

「你這孩子……」媽媽氣得要去包包房間理論。

不過,包包爸爸卻將她拉住了,他拍了拍包包媽媽的肩膀說:「包包說得對,我們裝潢得再好看,可終究不是按照他的意願設計出來的。孩子長大了,他有自己的選擇和想法,而他的這些破壞行為是提醒我們要尊重他的選擇與想法,給予他選擇權。我想,我們有必要替他打造一個只屬於他的地盤。」

後來,包包的爸爸媽媽拆除了包包臥室原本的裝潢,他們按照包包的選擇和想法,裝修成他想像的模樣。雖然臥室被裝修得不倫不類,但包包非常喜歡。不用爸爸媽媽提醒,他每天都會主動把房間整理得乾乾淨淨。更讓人意外的是,包包可以安靜地在臥室裡寫很長時間的作業,再也不用父母催促了。

正如包包爸爸所說,包包表現得對房間一系列的破壞行為,其實是變相地向媽媽抗議,他在告訴媽媽,他需要自主權,他希望媽媽能按照他的選擇和想法來裝潢房間。如果包包的爸爸媽媽不重新替包包裝修臥室,那麼長期住在臥室裡的包包會越來越壓抑,繼而做出更大的破壞性行為。

親子間的矛盾,絕大多數都是父母不尊重孩子的自主權造成的,而親子間的親密,則是父母尊重孩子的自主權塑造出來的。父母想要與孩子和諧相處,不妨給孩子一雙翅膀,讓孩子可以「我的地盤我做主」。

Chapter7　體驗是成長的助推器，少說教、多讓孩子嘗試

　　此外，我們也會發現這樣一個現象：對比同年齡的孩子，有的孩子特別有主見，在選擇上永遠都是快狠準，做出的決定也都是對自己有利的；有的孩子則會像牆頭草，在選擇上從來都是搖擺不定的，最後做出的決定也都往往弊大於利。就這類問題，孩子會有兩個極端的分化，其原因也在於父母是否給予孩子自主權利。

　　通常來說，如果父母給予孩子足夠的自主權利，孩子會非常有主見，如果父母剝奪或極少給孩子自主權，孩子會很沒主見。前者因為多次的選擇掌握了足夠的經驗與教訓，在往後的每一次選擇中，往往會很快地做出對自己有利的選擇。而後者因為缺乏選擇的經驗，此後的每一次選擇都會優柔寡斷，無法判斷出哪項選擇是對自己有利的。可見，給予孩子自主權，尊重孩子的選擇和想法是一件非常重要的事。

　　孩子就像一隻鷹，牠會飛向更遠更高的天空，去俯瞰牠視野中的風景。父母需要做的是陪伴孩子，而不是讓孩子站在我們的肩膀上看我們視野中的風景。

錯誤的選擇，也能帶來意想不到的成長

　　很久以前，山裡住著一對兄弟。這對兄弟的關係極好，而且很有想法。因為貧窮，他們迫切地想要發財。兩人商議一番

後，決定變賣自己在山中的田地與房屋，用變賣得到的錢收購山民手裡的特產，然後賣給城裡的有錢人，以此來賺一筆錢。

這座大山的特產有兩樣，一樣是麻，一樣是動物皮毛。年長點的哥哥說：「我們收購可以保暖的動物皮毛，城裡的有錢人一定會樂意買下皮毛製成大衣。」

年輕些的弟弟卻不贊同，他說：「我覺得我們應該收購城裡人鮮少見過的麻。物以稀為貴，城裡人一定會高價購買的。」

哥哥皺著眉頭說：「麻製成衣服非常粗糙，而且還不保暖，不涼爽，會有人買嗎？」

弟弟聽後，仍然堅持己見。就這樣，兄弟兩人一個收購動物皮毛，一個收購麻。之後，兩兄弟帶著貨物一起去了城裡。

起初，人們對麻很好奇，但打聽一番麻的用處後，便紛紛沒了興致，鮮少有人會買。哪怕弟弟把麻的價格一降再降，也無人問津。就這樣，弟弟連本錢都沒有賺回來。反觀哥哥，他的動物皮毛非常完整，晾製得也非常好，而且價格也很公道，沒多久就賣得精光，大賺了一筆。

弟弟因為年輕，缺少經驗，因而選擇錯誤，損失慘重，但他會因此放棄自己的發財夢嗎？答案是沒有。他向哥哥借了一筆錢，走了很遠的路，收購居住在其他山頭的獵戶們手中的皮毛，然後拿去城裡賣。最後，他不僅還了哥哥的錢，而且還小賺了一筆。

Chapter7　體驗是成長的助推器，少說教、多讓孩子嘗試

　　此後，弟弟每一次選擇去城中販賣物品時，都會先做一番調查，然後再做選擇。幾年下來，弟弟成為小有名氣的富戶。

　　人的一生就像是一條崎嶇不平的路，稍微不小心就會因為坑洞扭到腳。同樣的，每個人的一生會有無數的選擇，誰也不能保證自己的選擇就一定是對的。有選擇，就意味著有成功和失敗。成功了固然令人欣喜，失敗了又該如何呢？自然是汲取教訓與經驗，爬起來繼續走。

　　相對來說，成年人的意志力比較堅定，失敗了會再來一次，或是能快速走出失敗的陰影。而孩子的意志力薄弱很多，他們失敗了，都會一蹶不振，需要很長一段時間才能站起來。身為父母，在孩子因為選擇而失敗後，要引導孩子正視失敗，總結教訓，汲取經驗，明白失敗也是一種財富。

　　時光小學即將舉辦一場運動會，向來積極參與班級或學校活動的桐桐自然要參加。她對運動會中的跑步項目特別感興趣，只是讓她難以選擇的是，她要選 100 公尺短跑，還是 800 公尺長跑呢？一直到放學，她都沒有選擇好。回到家後，又被卡通吸引了，以至於忘記把難以抉擇的難題告訴媽媽了。

　　第二天到了學校，桐桐才想起這件事。只是今天就要填報名表，她也沒時間問一問媽媽的意見了，思考一番後，還是選擇了 800 公尺長跑。

　　就這樣，不知不覺，運動會來臨了，很多家長都來觀看孩

子們在運動會中的表現,桐桐的媽媽也來了。

桐桐激動地走到了800公尺長跑中屬於她的跑道上,她遠遠地看到媽媽朝她做了一個加油的姿勢。桐桐暗暗替自己打氣,一定要跑出一個好成績。隨著裁判的一聲令下,參賽的同學全都迅速地奔跑起來,桐桐也不例外。

在前200公尺時,桐桐一馬當先,拉開其他同學一大截。然而,過了200公尺後,桐桐體力有些跟不上了,這讓其他同學紛紛趕了上來,與她距離越來越近。跑完400公尺後,其他同學都超越了她。

毫無懸念,這一次800公尺長跑比賽,桐桐獲得了最後一名。

這樣的成績令桐桐沮喪極了,她眼淚汪汪地對媽媽說:「媽媽,我是不是太差勁了,不僅沒跑入前三名,還跑成了最後一名。」

媽媽溫柔地說:「我的桐桐是最棒的,這僅僅是一次比賽,並不代表什麼。」

「媽媽,妳知道嗎?我現在好後悔。如果我當初選擇100公尺短跑,那我一定能跑第一名。可惜,這個世界上沒有後悔藥。」桐桐沮喪地說。

媽媽摸了摸桐桐的腦袋說:「桐桐,有選擇就會有失敗,妳應該正視失敗。失敗會讓妳得到教訓,總結出經驗。就像這

Chapter7　體驗是成長的助推器，少說教、多讓孩子嘗試

次跑步比賽，妳明白了妳擅長短跑，不擅長長跑，在下一次運動會時，妳就會選擇妳擅長的短跑了。」

桐桐聽後，立刻走出陰霾，她高興地說：「媽媽，妳說得對，下一次跑步比賽，我一定會跑第一名。」

有比賽，就會有輸贏，而有選擇，也會有成功與失敗。當孩子因為自己的選擇而面臨失敗時，父母應該和桐桐的媽媽一樣，去安慰、鼓勵孩子勇敢地面對失敗，為孩子分析因為選擇而導致失敗後的財富，讓孩子振作起來，不對選擇產生畏懼。

此外，當孩子能正視失敗時，父母還要鼓勵孩子根據他總結的教訓與經驗，再次嘗試他自己的選擇。因為很多時候，孩子的選擇都是可以多次嘗試的，不能讓孩子因為一次失敗而選擇放棄，因為這會消磨孩子的意志。

在鼓勵孩子再次嘗試前，父母要對孩子說一些「你是最勇敢的」、「下一次一定會成功」、「堅持就是勝利」、「媽媽相信你可以」等鼓勵性的話。只有提高了孩子的自信心，孩子才不會害怕嘗試，也能為自己的選擇而負責。

盲目的選擇不如細心的思考

人們在選擇上一般會有兩種方式，一種是先思考後選擇，一種是先選擇後思考。前者偏向於善於計劃、做事謹慎，而後

者則偏向於行動、做事魯莽無畏。這兩種選擇方式相對而言，前者比後者要有利許多，因為先思考後選擇，會令選擇的事情執行起來更明朗，成功率變得更大。

觀察我們的孩子，因為年紀小，身上便有種「初生之犢不畏虎」的勇氣，因此在選擇上，常常都是先選擇後思考。不可否認，先選擇能培養孩子的勇氣，但帶來的負面影響卻很多。比如這會讓孩子變得很莽撞，做事漸漸不用頭腦；會讓孩子在執行選擇的事情時連連敗北，打擊孩子的自信心；會讓孩子做事沒有步驟，缺乏條理性等等。

因此，不管是選擇無關緊要的小事，還是選擇一件事關重大的大事，都需要先仔細思考，然後再去選擇。這樣不僅能培養孩子善於思考的好習慣，也能培養孩子細心謹慎、有條不紊的做事風格。

俊俊是一名九歲的小男孩，非常喜歡湊熱鬧。平時學校或社區舉辦的一些親子活動，他都非常積極地去參加，尤其是得到一些獎品時，他會高興好幾天。

這一天，俊俊所居住的社區舉辦了一場主題為「我愛我家」的親子活動，獲得冠軍的家庭將會得到一個變形金剛玩具獎品。俊俊得知消息後，立刻拉著媽媽去參加了。媽媽也很樂意陪俊俊參加，因為這樣的活動可以培養孩子的積極性和親子關係。

Chapter7　體驗是成長的助推器，少說教、多讓孩子嘗試

俊俊看到變形金剛玩具後，激動地說：「哇，媽媽，這個變形金剛是柯博文，是我最喜歡的。媽媽，我們一定要得到冠軍。」

「好，我們要加油！」媽媽笑著鼓勵俊俊。

這一次親子活動初賽的項目有兩個，一個是跳繩，一個是兩人三腳。每個家庭可以隨意選擇其中一項，只要獲得各個項目的前三名，就可以進入決賽。

跳繩活動規則是，家長握著跳繩帶孩子一起跳，兩人一同跳過跳繩，才算跳成功一次。在五分鐘內，跳的次數最多的前三名晉級。兩人三腳的活動規則是，用一條絲帶將家長的一條腿與孩子的一條腿綁在一起，一起跑向終點，率先抵達終點的前三名晉級。

俊俊看很多家庭都選擇了兩人三腳，少數家庭選擇了跳繩，便想也沒想地選擇了跳繩。

媽媽看到俊俊的選擇後，便問俊俊選擇的原因。

俊俊隨口說道：「媽媽，參加兩人三腳的家庭比參加跳繩的家庭多太多，我們參加跳繩的話，獲得前三名的機率會大很多。」

媽媽聽後，眉頭輕輕皺了一下，但還是尊重了俊俊的選擇。就這樣，俊俊與媽媽去了跳繩組。

當裁判一聲令下，媽媽立刻揮動跳繩，哪想到俊俊跟不上

跳繩的速度，第一次就跳失敗了。俊俊看其他家庭都在連著跳，不禁有些著急，以至於接二連三沒有跳過去。不知不覺，五分鐘過去了，俊俊這組跳的數目最少，是最後一名，所以被淘汰了。

俊俊沮喪地說：「真後悔，我應該選擇參加兩人三腳。」媽媽問俊俊原因。

俊俊說：「雖然選擇參加跳繩遊戲的家庭少，但他們默契十足，速度快，明顯是平時都有跳過，而我們平時都沒有跳過，一點都不熟練，怎麼可能贏他們。反倒是兩人三腳，我們玩過很多次了，而且還默契十足。我剛剛觀察過，以我們的速度一定可以跑進前三名。」

媽媽欣慰地說：「兒子，你分析得很對。我們在選擇上，絕不能盲目，應該要先思考和分析一番選項，然後再做出選擇，這樣的選擇才是對我們有利的。這一次，雖然因為你的選擇而失敗了，但我們汲取了經驗和教訓，以後在選擇時，就知道要先動動腦筋了呀！」

媽媽的一番安慰讓俊俊不那麼失落了，下一次他一定要斟酌後再做選擇。故事裡的俊俊在選擇時，只看到了表面，沒有深入地思考選項，以至於與晉級失之交臂。倘若他在選擇前先思考一番，選擇他擅長的、對他有利的項目，那麼他將有很大的機會晉級。

Chapter7　體驗是成長的助推器，少說教、多讓孩子嘗試

觀察我們的孩子，很多時候在選擇上，他們也都是盲目的，不經過大腦思考就做出了選擇。比如，當孩子看到同學買了一雙帥氣的籃球鞋，在媽媽帶他去買鞋時，他會鬼使神差地選擇也買一雙，可事實上他根本沒有想過，他不喜歡打籃球；當孩子看到同伴去上才藝班時，也會心血來潮吵著要去，在選擇上哪個才藝班時，他會不由自主地選擇和同伴上同樣的才藝班，全然不顧自己是否真的感興趣。

這種盲目的、從眾的選擇，都是不經過大腦思考的選擇，因而這樣的選擇都是對自己沒有益處的。但對孩子來說，先思考後選擇是他們必須掌握的技能。在培養孩子良好的選擇習慣前，父母可以先鍛鍊孩子獨立思考的能力。

不管是面對選擇，還是面對一些困難，都需要孩子去思考。因為思考可以幫助孩子做出有利的選擇，可以幫助孩子想出克服困難的方法。可見，獨立思考對孩子非常重要。但是在華人社會，很多孩子的獨立思考能力普遍不強，且缺乏主動性，這其中最大的原因其實是父母造成的。因為父母為孩子創造了一個安逸的生活環境，凡事都幫著孩子去思考、去抉擇，這就使孩子本能地產生一種「萬事靠父母」的念頭，久而久之就放棄了自我思考。

在鍛鍊孩子的獨立思考能力時，父母首先要做的是培養孩子的獨立意識，讓孩子自己的事情自己做；其次，在孩子遇到

困難時,父母不要替孩子解決,而是要引導孩子思考,時間久了,孩子自然能養成愛思考的好習慣,在遇到選擇時,會先動一動腦筋,然後再去選擇。

孩子的一生會遇到太多的選擇,有的選擇能一目了然地選出對自己有利的,但面對有些選擇時不得不去深思熟慮。選擇是一道高分題,只有細細思考,才能選出正確的選項。

Chapter7　體驗是成長的助推器，少說教、多讓孩子嘗試

Chapter8
孩子的成功定義，
由自己書寫

孩子成長過程中，各種不配合、不聽話的行為層出不窮，其實是因為父母將孩子限定得太死，然後不厭其煩地督促和糾正。

教育，不是命令、控制、預設，更不是父母遺憾的補償，而是賦予孩子自由、愉悅、受到尊重的感受，不束縛、不設限，讓孩子按照自己的意志去成長，活成自己想要的模樣。

Chapter8　孩子的成功定義，由自己書寫

放下對「神童」的幻想，讓孩子擁有獨特的人生

在每一對父母眼中，自己的孩子一定是與眾不同、獨一無二的。然而，許多父母的期望太高了，以至於將這份獨特演變成一個「神童夢」。

此刻，每一位父母都該問一問自己，你是一個擁有「神童夢」的父母嗎？或許是，但你卻不自知。在此，不妨回憶一下自己的內心是否出現過以下一些想法：

希望孩子的記憶力驚人，最好能過目不忘；希望孩子在三歲以內能認識所有的國字；希望孩子某方面擁有一鳴驚人的特長；

希望孩子可以在兩年內學完小學課程，三年內學完國、高中課程；希望孩子可以成為全國年紀最小的大學生；

……

但凡有其中的一個想法，或是想讓自己的孩子甩開其他孩子一大截，那麼毫無疑問，你就是一個有著「神童夢」的父母。許多父母都會有「神童夢」，只是這個夢是怎麼編織成的呢？原因有很多，比如自古以來就有著傳統的神童情結；父母不是神童，便將夢想強加在孩子身上；別人的孩子是神童，我的孩子也一定能成為神童等等。

不可否認，這世上確實有天才，但是天才存在的機率可能

放下對「神童」的幻想，讓孩子擁有獨特的人生

是百萬分之一、千萬分之一。所以，絕大多數的孩子都是普通的，即使他們再怎麼努力，也無法成為傳說中的神童。如果父母不認清事實，硬是將孩子當作神童來培養，那無疑會帶給孩子沉重的壓力，令孩子生活得不開心，甚至壓抑，這對孩子的身心發展極為不利。

小涼是一個非常聰明的小男孩，他從小就表現出極高的數學天賦。比如，別的孩子還在數1、2、3時，他已經能數到100了，別的孩子還在學1+1時，他已經會100以內的加減法了，等別的孩子學會100以內加減法時，他已經能將加減乘除四則運算運用自如了。

正是這樣的天賦，才讓小涼媽媽覺得自己的兒子是與眾不同的。再加上周圍鄰居看到小涼媽媽，都會誇獎小涼說：

「小涼媽媽，你家小涼真聰明，把同齡的孩子甩開一大截了。」、「小涼真是個數學小天才，好好培養的話，將來在數學上一定會取得大成就。」

這些誇獎的話更加助長了小涼媽媽對小涼的期望，她希望小涼長大後可以成為第二個牛頓。有了〈傷仲永〉的故事做前車之鑑，她便特地培養孩子，為孩子定下一個個目標。以至於小涼小小年紀就在媽媽的帶領下上著各式各樣的數學班，比如心算班、珠算班等。每隔一段時間，小涼媽媽就會為小涼報名參加比賽，而小涼也不負媽媽所望，在各種比賽中都取得了不

231

Chapter8　孩子的成功定義，由自己書寫

錯的成績。這些成績除了讓小涼媽媽欣慰外，更多的是她擁有了將小涼塑造成神童的動力。

就這樣，小涼一直按照媽媽規劃好的路線在發展，小涼媽媽也以為孩子會一直很聽話。可是在小涼十二歲那年，事情發生了轉折。

那一年，小涼迷上了打籃球，他對數學漸漸表現出了厭煩的情緒。所以，小涼常常趁媽媽不在家偷偷跑出去和同學打籃球，每次打完籃球，他的心情都特別好。有一次週末，小涼媽媽與往常一樣，將小涼送去了補習班。由於小涼和同學約好了去打一場籃球賽，所以媽媽剛走，他就偷偷溜走了。老師上課點名時，發現小涼不見了，這可把他急壞了，連忙打電話給小涼媽媽。

小涼媽媽急壞了，找了小涼整整一個下午，好在傍晚的時候，小涼自己回了家。可想而知，小涼媽媽發了好大一頓火，也察覺到小涼是因為打籃球而逃課的。她不僅喝斥了小涼一頓，並警告說：「你以後不許再打籃球！」

「媽媽，憑什麼不許我打籃球？我喜歡打籃球！」小涼憤怒地質問。「再過不久，你將要參加一場全國性的數學競賽，如果你能在這次比賽中取得好成績，那麼很有可能被頂尖大學破格錄取。所以這段時間，你要全心地投入數學學習中。」媽媽鄭重其事地說。

媽媽的強迫令小涼很不開心，對數學也越來越厭惡。但是他人微言輕，不得不妥協，所以每天放學後，他都會乖乖看書。不過學習效率卻很差，以往一些做對的題目也常常做錯。最終的考試結果可想而知了，小涼在這次數學競賽中取得了極差的成績。

後來，小涼對數學越來越厭煩，小時候展露出來的天賦漸漸消失，小涼媽媽的「神童夢」最終也沒有實現。

事例中的小涼或許是有數學天賦的，但可惜的是，他的媽媽並沒有在發現他的天賦後進行保護與利用，而是不斷地強迫孩子去學習。這種強迫讓小涼喘不過氣，最終演變成厭惡數學，並喪失了對數學的興趣。而沒有興趣，有再好的天賦也是枉然。此外，因為媽媽的神童夢，小涼也沒有一個寶貴的值得回憶的童年。

相對於小涼媽媽的做法，著名的繪畫大師畢卡索對女兒截然不同。畢卡索也有一個神童夢，他希望女兒可以成為世界級的繪畫大師。所以，他在女兒很小的時候就對她進行了藝術啟蒙，鼓勵她在畫布上塗抹。可是女兒懂事後，漸漸表現出了對繪畫厭煩的情緒。畢卡索選擇了尊重女兒的選擇，並鼓勵女兒去追尋自己的理想。最終，他的女兒成為一名享譽世界的設計師。

父母需要明白，神童與普通孩子相比，除了天賦高一點以

Chapter8　孩子的成功定義，由自己書寫

外，並沒有其他什麼區別，都需要一步一個腳印、按部就班地去成長。這個成長的過程，除了課業外，更多的是對孩子人格、品德、人際交往等多種能力的培養。

每一對父母都要學會畢卡索身上的灑脫，勇於放棄「神童夢」，如此孩子才能感受到快樂，才能走出一個屬於他自己的人生。

不逼迫孩子，順應他的天性成長

如果讓我們用一個詞形容自己的童年，會用哪一個詞呢？可能有幸福、勞苦、快樂、不幸、貧窮……但有一個詞卻能概括我們這一代每個人的童年，那就是自由。

不管家庭條件是富裕還是貧窮，我們童年時都是自由自在的，不怎麼受父母的逼迫，能不受限制地在戶外奔跑與玩耍，想做什麼就做什麼。反觀我們的孩子，他們的童年是怎麼樣的呢？雖然他們在物質上頗為享受，但是精神上承受著巨大的壓力。

這些壓力來自哪裡？有父母替他們報名的數個才藝班，有父母每天規定他們學習多長時間，有父母要求他們考多少分等等。種種壓力匯聚在一起，造成的後果就是將孩子壓得喘不過氣。

或許，很多父母會為自己辯解，認為逼著孩子去學習，是因為當今社會競爭激烈，是為了孩子好。可事實上，這真的是為了孩子好嗎？要知道，逼迫是孩子成長路上的絆腳石，它會令孩子失去自我。所以，父母最該給予孩子的就是自由，讓孩子順應天性發展才是最好的。

卡爾‧維特是美國著名的教育家。他的孩子小卡爾出生不久，就邀請了格拉彼茨牧師到他家做客。

牧師發現小卡爾有些呆呆的，遠沒有其他孩子聰明。於是，他擔心地對卡爾‧維特說：「維特先生，我一直都很支持你的教育觀點。但是現在，我有些為你擔心。」

卡爾‧維特聽後，就知道牧師在擔心什麼了。不過，他還是想聽牧師親自說，所以故意裝作不知道。他問：「格拉彼茨牧師，你為我擔心什麼呢？」

牧師鄭重地說：「維特先生，我知道我將要說的事會令你難受，但我不能將自己看見的當作沒看見。我要說的是，小卡爾不是一個聰明的孩子，我希望您與您的妻子能坦然地面對這個現實。」

卡爾‧維特嚴肅地點了點頭，說：「你說得很對，小卡爾確實不太聰明，甚至有些笨。但是，我並不認為這是決定性因素。」

「這是當然。先天不聰明，並不能代表以後也不聰明。只

Chapter8　孩子的成功定義，由自己書寫

不過，您必須要付出加倍的努力。」牧師誠懇地說。

卡爾‧維特點了點頭，對牧師的說法很贊同。

牧師思考了一下，說：「我替您出一個主意。既然小卡爾不太聰明，那麼您唯有將所有的希望寄託在對他的後天培養上。也就是說，從此刻起，您與您的妻子，以及小卡爾，都要做出某種犧牲。」

「犧牲？」卡爾‧維特對牧師的話很不理解。「是的。我指的犧牲就是您與您的妻子要花大量的時間去教導、訓練孩子，這意味著，你們夫妻將沒有獨處的溫情時光，而小卡爾則要犧牲他的整個童年來學習。」牧師說得無比認真。

但這卻讓卡爾‧維特很不可思議，他驚訝地說：「我的天哪，格拉彼茨牧師，您怎麼會有這樣的想法呢？這種犧牲對小卡爾有什麼意義？這世界上難道還有比他的童年時光更重要的嗎？」

「孩子的前途不比童年時光更重要嗎？」牧師反問。

卡爾‧維特無比肯定地回答：「孩子的前途當然重要，但卻比不上孩子的健康成長。殘忍地逼迫孩子去學習只會令他既享受不到美好的童年幸福時光，又不能使他學習到所需要的一切知識。而且，壓迫孩子還會毀掉孩子。」

看完卡爾‧維特的故事後，想看看，如果你處在他這個位置，你是聽從格拉彼茨牧師的建議逼迫孩子犧牲童年時光去加

倍學習，還是會如卡爾‧維特一樣讓孩子順應天性去發展？或許，大部分父母會聽從牧師的建議。然而，父母的逼迫並不能讓孩子的成績產生實質上的進步。相反，逼迫會摧殘和傷害孩子的身心發展，沒有任何正面的作用與意義。

李曉是業內小有名氣的高級會計師，她能取得這樣的成就，與她的父母有關。因為，李曉的父母非常尊重孩子的選擇，也從來不把自己的意願強加給她。小時候的李曉不願意用功，成績很不好。在李曉國中畢業填志願時，她的爸爸與她進行了一次誠懇的談話，他說：「孩子，妳應該好好想想，自己以後想從事什麼職業。」經過這樣一番談話，李曉慎重考慮後，選擇就讀職業高中，主修會計。

事實上，李曉的父母非常想讓她上明星高中，可是李曉對會計感興趣。而李曉父母選擇尊重孩子，讓孩子順應天性去發展，得到的結果並沒有令他們失望。

每個孩子的思考方式和興趣愛好都不同，就像花園裡奼紫嫣紅的花朵，各有各的美麗，父母又何必強求一致呢？如果每一位父母都追求整齊統一，那麼就沒有五彩斑斕的世界了。父母具體應該怎麼做，才算是順應孩子本身的發展規律呢？

首先，不要隨波逐流，要認真客觀地對待自己的孩子。要知道，世界上每個人的指紋都不同，也沒有兩片完全一樣的葉子。同樣的，孩子也都是獨一無二的。每一個孩子都有一套獨

Chapter8　孩子的成功定義，由自己書寫

特的屬於自己的為人處世的模式，父母不必要以大眾的要求與標準去約束孩子。為了保證孩子能順應天性去發展，父母要為孩子創造一個輕鬆自由、充滿愛的環境，讓孩子做一個真正的孩子。

其次，多帶孩子走進自然，幫助其緩解內心的壓力。成年人有壓力時，會用各種方式去減壓，而孩子有壓力時，他們往往不知道該用何種方式減壓。父母要多多關注孩子的情緒，一旦孩子變得沉默、壓抑、愁眉不展，那極有可能是因為孩子心中有壓力。這時候，父母可以帶著孩子走進自然，讓孩子在大自然中釋放自我，緩解壓力。

父母的逼迫，其實就是一把無形的懸在孩子身上的利刃。這把利刃不會傷害孩子的肉體，只會傷害孩子的心靈。而肉體上的傷很好癒合，心靈上的傷卻很難癒合。父母應該放下手中利刃，還給孩子自由，讓孩子順應天性去發展。

「直升機父母」應如何適時放手

在本節開始之前，先來問各位父母一個問題：

在教育孩子的過程中，你是否擁有很強的控制欲呢？你是否希望每一件事情都為孩子安排得妥妥當當呢？你是否經常違背孩子的意願而私自替孩子做決定呢？

「直升機父母」應如何適時放手

……

如果答案是肯定的，那麼你可能就是傳說中的「直升機父母」。那麼，何謂「直升機父母」呢？「直升機父母」的說法最初起源於美國，是指父母對孩子的關愛太過於無微不至，他們的行為就像一架盤旋於孩子頭頂的直升機，視線緊緊追隨著孩子的腳步，時刻準備著對孩子進行照顧、監督和指導，生怕一個轉身孩子就會出現閃失。

與美國的「直升機父母」相比，華人直升機父母的表現往往過猶不及。除了牢牢掌控孩子的一切動向外，他們也會毫不吝嗇地給予孩子關愛，最顯著的一大特點就是：為了孩子的一切勞心勞力，哪怕再苦再累也值得！打個比方，如果孩子學走路摔跤了，普通家長可能會鼓勵孩子勇敢地站起來接著走下去，但「直升機父母」則會直接抱起孩子，噓寒問暖。

一般來說，「直升機父母」主要分為三大類：生活上的「直升機父母」，事必躬親地照顧孩子的一切飲食起居；學業上的「直升機父母」，不尊重不徵求孩子的興趣愛好，獨斷專行地替孩子安排補習班、制定學習任務；人際交往上的「直升機父母」，不問青紅皂白替孩子擺平一切矛盾，替孩子強出頭。

「直升機父母」的內心往往都有一種不寒而慄的恐懼感，會過度憂慮孩子的安全，杞人憂天地擔心孩子離開自己會得不到很好的照顧。於是，「直升機父母」在這種擔心與焦慮中，便逐

Chapter8　孩子的成功定義，由自己書寫

漸剝奪了孩子成長的機會，一味地事事包辦、過分保護，不僅導致孩子喪失自理能力與成長空間，引發孩子悲觀厭世、逃學叛逆的心理，更容易造成孩子遇事蠻橫無理、衝動暴躁的不良性格，以至於孩子踏入社會與職場後，無法與他人進行正常的溝通與交流，最終導致的結果就是：父母心力交瘁，孩子壓力山大。

思思今年剛滿十歲，可是她比大人還要忙。除了日常的上學之外，週末她還要不停地穿梭在英語、古箏、作文、舞蹈這四個補習班之間。而每次上課，媽媽都寸步不離地陪著，回到家後，媽媽還要隨時抽查當天所學的內容，以此來加強思思的功課，希望思思能學以致用，成為一個多才多藝的孩子。

可最近，媽媽發現，替女兒報了那麼多補習班，英語與作文成績不僅沒有進步，反而退步了。而且思思每天作業完成的時間也越來越晚，但仔細詢問老師，老師卻說並沒有額外增加作業量。看著孩子每天故意磨磨蹭蹭地拖延時間，思思媽媽氣不打一處來，覺得孩子實在是太不爭氣了，並且動手打了思思一頓。沒想到，思思竟然哭著說，媽媽一點也不愛她，還威脅父母說要離家出走。

縱觀思思的行為，不難發現，孩子其實是在用一種「拖拉」的消極方式來與家長對抗。因為她知道，就算自己早早地把作業完成也不可能得到自由活動的時間，那麼，與其做完作

「直升機父母」應如何適時放手

業被父母不停地安排做其他事情,倒不如自娛自樂邊玩邊做來得痛快。由此可見,「直升機父母」一味地施加壓力在孩子上,不一定會獲得期待中的美好,過度的拔苗助長,只會收到適得其反的效果,反而不利於孩子的身心健康。

所以,如果你真的愛孩子,為孩子的現在與將來著想,那麼,就請拋棄直升機的禁錮與枷鎖吧,別再做「直升機父母」了。問題是,不做「直升機父母」的他們,又應該如何平穩落地呢?

首先,父母要從觀念上進行自我轉變。只有觀念轉變了,思想與行動才會緊跟著轉變。所以,父母不妨先從自身做起,從身邊的小事做起,讓孩子一步一步地進行嘗試,而父母要做的,就是在旁邊進行提點與指導,慢慢地培養孩子的自理能力與處理事情的應變能力。

其次,給予信任與支持,趁早對孩子放手。「直升機父母」在生活中往往把孩子當作生活的重心與全部,卻忽略了孩子已經逐漸長大了的事實。雖然愛孩子,但這種愛卻太過於沉重,容易讓人產生窒息的感覺。

當孩子漸漸長大,其心理與行為都會發生改變。此時,父母不妨試著早日放手,給予孩子足夠的信任與支持,讓孩子在正確的軌道上自由活動與發展。放手並不代表不管,而是努力在親子關係中尋求一種輕鬆快樂的教育方式,因為有時候父母

Chapter8　孩子的成功定義，由自己書寫

的不管不顧恰恰就是激發孩子努力向上的動力。

　　成長是需要不斷實踐與體驗的，父母若想讓孩子成為一個真正獨立自主的人，那麼就必須放棄「直升機父母」的教養方式。因為你的「直升」，並不等同於孩子能力的提升，所以父母要做的就是早日轉移生活的重心，以正確的觀念和方式來引導孩子，讓孩子放飛心靈自由成長。

孩子是唯一的，不需要模仿任何人

　　相傳，兩千多年前，燕國壽陵住著一位家境極好的少年。按理說，少年家境富裕，長相也很俊朗，應該非常自信才對。可事實上，少年很沒有自信，經常無緣無故地認為自己事事不如人。

　　這個少年還有一個習慣，就是看見什麼就學什麼，但學會這樣就會忘記那樣，從來沒有做好過一件事。為此，他感到十分困惑，不知道自己到底該做什麼。時間久了，他甚至開始懷疑自己的走路姿勢，認為他現在的走路姿勢太難看了。

　　有一天，少年去茶館喝茶，茶館內坐著幾個剛剛從邯鄲城回來的人，他們在一起聊天，說邯鄲人走路的姿勢非常好看。少年就想上前打聽清楚，問一問邯鄲人是怎麼走路的，但是沒想到，那幾人看到是他後，大笑著離開了。此後，少年每天都

孩子是唯一的，不需要模仿任何人

在想著邯鄲人究竟是怎麼走路的，姿勢到底有多麼優美。終於有一天，他瞞著家裡人，帶著一些錢前往邯鄲。

少年抵達邯鄲後，他整天站在街上，仔細研究邯鄲人的走路姿勢。他覺得邯鄲的小孩走在路上十分活潑，於是就學習小孩的走路姿勢；他看到邯鄲的老人走路很沉穩有力，於是又學老人的走路姿勢；他看到邯鄲婦女走路優雅美麗，於是又學習婦女的走路姿勢。

少年模仿了很久，但一直都學得不像。他思索著，應該是因為他沒有忘記自己以前走路的姿勢。於是，他下定決心要忘記自己以前的走路姿勢。但是過了很久，他還是沒有學會。與此同時，他的錢也花光了，所以不得不放棄學步，準備回家。可是，少年把以前走路的姿勢忘記得一乾二淨，已經不知道該怎麼走路了。最後，他只好一路爬著回家。

這就是著名的《邯鄲學步》的故事。這個故事告訴我們，勤於向別人學習是值得肯定的，但一定要講求實際。一味地模仿別人，只會變得不倫不類，失去自我。所以，身為父母的你在教育孩子時，是否一味地要求孩子模仿他人呢？

美國著名精神導師迪帕克・喬普拉曾經說過：「我們今天現在的樣子不是我們剛出生時嬰兒的樣子，而是被大人放在一個錯誤的容器裡擠出來的變形的樣子。」可見，絕大多數父母在教育孩子時，都是按照自己的意願和標準來培養孩子的，這

Chapter8　孩子的成功定義，由自己書寫

裡的意願和標準有一個樣本── 別人家品學兼優的孩子。

別人家的孩子學習鋼琴很有氣質，就要求自己家孩子也去學習鋼琴；別人家孩子學習舞蹈後舉止優雅，就要求自己家孩子也去學習舞蹈；別人家孩子學習心算獲得大獎，就要求自己家孩子也上個心算班……可是，父母在要求孩子學習這些之前，有沒有考慮到孩子的意願呢？有可能你的孩子不喜歡彈鋼琴，他喜歡彈吉他；有可能你的孩子不喜歡跳舞，他喜歡畫畫；有可能你的孩子不喜歡令人頭痛的數學，他喜歡充滿詩情畫意的寫作。所以，以別人家的孩子為樣本來培養自己家的孩子，確定不是在培養別人家的孩子嗎？

在教育孩子時，如果父母也一味地要求孩子模仿其他孩子，那孩子最後也會變得如《邯鄲學步》中的壽陵少年一般，最後迷失了自我。孩子是獨立的個體，他只是他，不需要模仿任何人。

小炫十二歲，是學校裡的「小明星」，也是鄰居眼中非常出色的小孩。因為小炫能寫一手漂亮的書法字，凡是參加書法比賽他都能獲得大獎。

書法大家們不僅覺得小炫的字漂亮大氣，還覺得他的字很有特色，能自成一體。對於一個十來歲的孩子來說，這無疑非常了不起。所以，有不少出版商找上小炫媽媽，想要出版小炫寫的字，將他的字製成字帖。

不少家長和鄰居聽聞小炫的事蹟後，也紛紛讓孩子練起書法字。雖然其中不乏將毛筆字寫得非常不錯的孩子，但再也沒有出現一個像小炫那樣能將毛筆字寫得帶有自己特色的孩子了。所以，遭受挫折的家長和鄰居們就問小炫媽：「為什麼小炫的書法寫得那麼好，而且還很有特色？」

小炫媽媽笑著認真地回答：「小炫從小就喜歡寫書法，於是我和小炫爸爸就為小炫找來很多大家的字帖給他臨摹，還送他去書法班學習書法。小炫很有天賦，那些書法大家的字他都能模仿得很像。可是，我和小炫爸爸總覺得，他模仿出來的字遠遠沒有他自己寫的字有靈氣、有特色。後來，小炫自己也表示，他模仿別人的字時並不開心，只有在寫他自己的字時，他才覺得快樂。所以，我與小炫爸爸商量後，決定不再讓小炫模仿別人的字，讓他專心寫自己的字。事實證明，我們的做法是正確的，小炫也憑著自己的天賦將書法寫得獨具特色。」

常年堅持練書法的人都知道，按照別人的字型去練字，就永遠寫不出擁有自己特色的字，或多或少能從字跡間看出別人字型的特色。就像小炫的父母，如果他們一味地讓孩子去模仿別人的字，不讓孩子憑藉自己的天賦寫自己的字，那麼小炫或許會寫一手漂亮的書法，但卻寫不出一手擁有自己特色的書法了。

每一對父母在要求孩子模仿別人時，都該自我反思一下，你期望孩子按照你的要求發展成為像某某一樣優秀的人時，你

245

Chapter8　孩子的成功定義，由自己書寫

到底是要孩子為你眼中的優秀而努力，還是想讓孩子呈現他本來的天賦和能力，做最出色的自己呢？適合別人家孩子的，你就完全肯定也適合你的孩子嗎？

答案顯然是否定的。大量的經驗告訴我們，我們的孩子可以向優秀者學習，但教育方式絕對是因人而異的。早在兩千多年前，偉大的教育學家孔子就強調過「因材施教」這個道理。孩子是獨一無二的個體，他們不需要模仿任何人，他們或許有這樣那樣的缺點，但那也都是他們的特色，而好的教育就是注重孩子個性和天性的發展。父母只有給予孩子足夠的自主空間，尊重孩子，這樣的教育才會令孩子感到快樂。

世界上漂亮的蝴蝶有很多，但牠們的翅膀上沒有一對圖案是絕對一樣的，就連天空中的白雲，也都是形狀不一的。所以，我們的孩子的性格、心智、興趣、愛好、能力等都不盡相同。每一個孩子都是自由的，都有權利成為最好的自己，他們不需要按照別人的軌跡來發展自己，也不要成為某個優秀者的影子。

在喧囂中，學會聽從自己的聲音

有一則非常有趣的小故事。

從前，有一對父子牽著一頭毛驢去趕集，他們一路上碰到了許多人。碰到的第一個人恥笑他們說：「你們真傻，有毛驢

都不騎。」

於是，父親就讓兒子騎。

碰到的第二個人同樣恥笑他們說：「身為兒子真不孝，哪能自己騎驢讓父親走路？」

於是，兒子下了毛驢，讓父親騎。

碰到的第三個人依舊恥笑他們說：「父親真不愛護兒子，怎麼能讓兒子走路呢？」

於是，父親和兒子一同騎著毛驢。

碰到第四個人還是恥笑他們說：「你們父子太殘忍了，毛驢會被你們壓死。」

於是，父子倆下了毛驢，抬著毛驢走向集市。

或許，在許多人眼中，會覺得這對父子很可笑，為什麼要聽從別人的話。可是在現實生活中，相信很多父母何嘗不是與這對父子一樣，在教育自己的孩子的時候也在不停地聽取別人的說法與建議呢？

別人認為早晨是孩子的最佳記憶時間，於是就要求孩子早早起床背誦朗讀；別人認為晚上的時間最利於思考，於是就要求孩子在晚上做大量習題。可事實上，父母們考慮過孩子的自身情況嗎？有可能你的孩子的最佳記憶時間點是中午或晚上，有可能你的孩子最利於思考的時間點是早晨。

盲目地聽從別人的建議，而不去考慮孩子的自身情況，這

Chapter8　孩子的成功定義，由自己書寫

對孩子來說有百害而無一利。而孩子在父母不停地要求與干擾之下，也會變得沒有自我，沒有主見，就像是沒有掌控權的提線木偶一樣。這個世界太過嘈雜，讓孩子重拾自我的方法就是給予孩子自由，讓孩子只需要聽自己的話。

李貝自從上學後，就一直擔任班長這個職務。老師和同學們之所以選她當班長，一來是因為她成績好，二來是因為她自主能力非常強，不管班級的大小事，她都有自己的看法，並且處理得非常不錯。這一點讓老師很欣慰，也讓同學們非常佩服。而李貝的決策能力與她父母的教導息息相關。

李貝是獨生女，爺爺奶奶、外公外婆和爸爸媽媽全都照顧她一人。四歲那年，大家決定替李貝報名一個才藝班。

爺爺說：「貝貝的性格太活潑，替她報一個象棋班。」

奶奶說：「學習象棋不如學習書法，書法更能幫助貝貝修身養性。」

外公說：「性格活潑沒什麼不好，替貝貝報個既能塑造體態又能培養氣質的舞蹈班。」

外婆說：「練舞蹈好辛苦，練習鋼琴也能培養氣質。」

於是，四個老人為李貝到底學什麼而爭論不休。小小年紀的李貝看看爺爺奶奶，又看看外公外婆，不知道四個疼愛自己的老人在爭論什麼。沒過多久，四個老人爭論好了，他們決定這四個特長李貝都學，但時間要安排好。

李貝的爸爸卻不贊同,他說:「貝貝才四歲,學習兩個特長已經是她的極限,學習四個特長不僅雜亂,而且還極費精力,這對貝貝的成長很不利。」

李貝的媽媽也皺著眉頭說:「貝貝有自己的想法,你們為什麼不聽一聽貝貝自己想學什麼呢?」

這話讓四個老人面面相覷,他們不禁將視線落在了貝貝身上。爺爺被推選為代表,和藹地問李貝:「貝貝,妳有想上的才藝班嗎?」

媽媽也鼓勵李貝說:「貝貝,妳不需要聽爺爺奶奶的建議,妳想要學什麼,爸爸媽媽都會支持妳。當然,妳的決定,爺爺奶奶、外公外婆也同樣尊重和支持。」

話畢,四個老人也點頭表態。

李貝鼓起勇氣說:「我想學習跆拳道。」

媽媽第一個贊同說:「學習跆拳道好哇,既能鍛鍊身體,又能磨鍊意志。」之後四個老人也都表示,學習跆拳道後,貝貝以後不會被人欺負。

李貝本以為大家都會不同意,哪知道大家全都贊成了。這讓李貝開心的同時,心裡更喜歡自己的家人了。為了不讓大家失望,她很努力地學習跆拳道,即使受傷了,她也不哭不鬧。

此後,不管大事小事都由李貝自己決定,即使是個錯誤的決定,大家也都贊成。因為吃一塹長一智,李貝只有汲取了失

Chapter8　孩子的成功定義，由自己書寫

敗的教訓，才會在下次做決定時，更加深思熟慮。

人們常說，生命的價值在於選擇，每個人每時每刻都在做著選擇。對孩子來說，他們也有自己的主見，也有選擇的權利。可是，很多時候父母沒有意識到應該給予孩子選擇權，總是幫助他們做選擇。有時候，孩子會對父母幫他們選擇的行為表示不滿，然而父母卻早早為自己的行為找好了藉口：「孩子，爸爸媽媽的經驗比你豐富，替你選擇是想讓你少走彎路。」父母需要知道，你可以幫助孩子選擇一時，卻不可能幫助孩子選擇一世。孩子總有長大的一天，他總有獨自選擇的一天。

父母的「專政」會導致孩子喪失自主意識，變得習慣依賴於他人，而這樣的孩子將很難在社會上立足。相信任何一對父母都不願自己的孩子成為這樣的提線木偶。父母需要明白，孩子的未來是孩子自己的，並不是其他人的，孩子不需要聽從旁人的選擇，他們只需要聽從自己的選擇。當然，在孩子選擇前，父母可以給予一些建議，分析選擇後的利與弊，但最終的選擇權還是在孩子手中。

孩子雖然天生較弱，但這並不代表他們沒有抉擇的權利，想讓孩子以後成為一個很有主見的人，父母必須學會放手，讓他們獨自體驗生命中的五彩斑斕。只有讓孩子自己去決定自己的事情，他們才會感覺到自己就是人生的主宰者，才會有更多的信心開創自己的人生。

成長路上不需要比較，孩子已經是最棒的

身為父母或多或少都有這樣一個心理：將自己家的孩子與別人家的孩子做比較時，如果自己的孩子更優秀，父母會很得意；如果自己的孩子不如別人家的孩子，父母就會變得嚴厲起來，並要求孩子向更好的孩子看齊。

不可否認，在華人社會與別人比較是通病，大到升官發財、買房買車，小到生活用品、衣服配飾，可是這些都不是父母將孩子作為比較工具的理由。

每一個孩子都有一顆爭強好勝的心，只不過有些孩子表現得明顯，有些孩子表現得不明顯。當父母在孩子面前說其他孩子多聰明、多有禮貌時，孩子心中自有一把衡量的尺，因為孩子比父母要了解他的同學或同伴身上的優點與缺點。更何況，每一個孩子都不希望自己總被父母拿來與其他孩子比較。相反地，他們對這種與他人比較的行為很厭惡。

秦沛是一家上市公司的經理，是典型的職場菁英，她不僅在工作上爭強好勝，生活中也想處處比別人好，包括她七歲的女兒小優酪乳，也是她與人炫耀、與人比較的「工具」。

這一週，秦沛的公司應徵了好幾個優異的員工。為了歡迎新員工的加入，公司特地在週末舉辦了一場聚餐，並告知員工們可以帶家屬。秦沛和往常一樣，打算帶女兒小優酪乳一塊去。

Chapter8　孩子的成功定義，由自己書寫

「媽媽，我可以不去嗎？」小優酪乳長得非常可愛，她睜大圓溜溜的眼睛望著媽媽。

秦沛一邊替小優酪乳打扮，一邊拒絕說：「不可以，那些叔叔阿姨妳都認識，妳還可以和那些叔叔阿姨家的小朋友玩耍。」

「可是，那些小朋友不想和我玩。」小優酪乳嘟著小嘴小聲說。

然而，秦沛並沒有聽到，她正忙著打扮自己。就這樣，秦沛帶著小優酪乳去了聚餐地點。

秦沛的同事 A 一見到小優酪乳，就是一頓誇獎：「一段時間不見，小優酪乳又變漂亮啦！聽說她前一段時間參加了一個鋼琴比賽，結果怎麼樣啊？」

說起這個，秦沛不禁笑著說：「還好，得了第三名。對了，你家蓉蓉不是也在學鋼琴嗎？學得怎麼樣了？」

同事 A 尷尬地說：「我家蓉蓉天賦不行，到現在連一首完整的曲子都彈不來。」

「沒關係，多練練就好了。」秦沛一臉自豪地說。

同事 B 很看不慣秦沛拿孩子來比較的行為，他不禁笑著說：「要是在以前，小優酪乳絕對是我們這些孩子裡最棒的，但現在還需要繼續努力，繼續保持。」

「哦，怎麼說？」秦沛聽後，皺起了眉頭。

成長路上不需要比較，孩子已經是最棒的

「我們新來的同事 C，他家孩子可是遠近聞名的小神童，今年八歲了，鋼琴已經考到了專業等級，而且還經常參加數學比賽，聽說下個月將代表國家與國外的天才孩子競賽數學。」同事 B 滔滔不絕地說著，那模樣恨不得同事 C 家的孩子是自己的孩子。

秦沛聽聞同事家的孩子處處比自己家的孩子強，心情沒有來時那麼開心了，她不禁嚴厲地要求小優酪乳以後要向同事 C 家的孩子看齊，要加倍努力。

至於小優酪乳，被媽媽訓斥後，她安安靜靜地低著頭坐在角落裡，聽著那些與她差不多大的孩子議論著如何的不喜歡她，議論著她的媽媽總愛拿她跟別人比較。

其實，她也很不喜歡媽媽拿她與別的孩子比較，因為媽媽的比較讓這些孩子都不願意和她玩。

俗話說，天外有天，人外有人。父母經常拿孩子作為比較工具，總有一天會遇到一個比自己孩子更加優異的孩子。每一對父母都有一顆望子成龍的心，可是孩子成龍並不是比較出來的。但可以很肯定地說，每一個孩子都不願意被別人說差，他們都渴望得到別人的誇獎與肯定，尤其是來自最親近的父母的肯定。如果父母總是將孩子與其他孩子比較，那麼將會有兩種結果，一種會令孩子產生虛榮感，一種會令孩子失去自信心，會經常自我否定，這種後果無疑會影響孩子的身心健康。

Chapter8　孩子的成功定義，由自己書寫

　　父母可以縱向比較孩子，但不可以與其他孩子橫向比較。每個孩子都有自己獨特的潛能與特質，隨著漸漸長大，這些潛能與特質會慢慢體現出來。縱向比較孩子，其實就是將孩子現在的模樣與過去的模樣進行比較，看看進步了多少。這樣一來，不但父母能感受到孩子的變化，孩子也會因為這些變化而更加努力。

　　每一對父母都該保持一顆平常心，要相信自己的孩子是最獨特、最棒的，即使孩子存在各種不足，也不能對孩子施加壓力。父母要堅信，那些不足都是暫時的，孩子在成長的路上總會破繭成蝶。

若無大礙，允許孩子堅持自己的選擇

　　「執著」究竟是一個褒義詞還是貶義詞？

　　在很多父母眼中，如果孩子將執著用在課業上，那麼「執著」就是褒義詞，如果孩子將執著用在吃喝玩樂上，那麼「執著」就是貶義詞。可對於年紀尚小的孩子來說，他們無法將「執著」一門心思地用在父母認為是對的事情上，因此，他們的執著常常是：

　　「我一定要將這個遊戲打過關，不過關就不睡。」、「我一定要把這本故事書讀完，我要看最後的結局。」、「媽媽一定要

替我買這件新衣服,因為我很喜歡。」

……

在大多數父母眼中,孩子很多時候的執著是「沒有意義」、「沒有價值」的,但對孩子來說,他們執著的事就是天大的事。而且,孩子一旦執著起來,那股固執勁甚至會令父母頭痛不已,而他們的執著也意味著不聽話,與父母唱反調。父母表現得越反對,他們的執著也會越強烈。

父母需要明白,孩子的執著其實是充滿童真色彩與意氣用事的,如果強行阻止孩子對一件事情的執著,不僅會對孩子幼小的心靈造成傷害,也會磨滅孩子那顆執著的心。對孩子而言,執著就是耐心、信心、決心,也是持之以恆。當他們缺少了執著,那麼做任何事都會沒有動力,不起波瀾。

此外,孩子的執著絕大多數都是從他們認為有趣的事情上培養出來的,正是有了執著,以後才能將其運用到學業上或其他對的事情上去。所以,當孩子的執著用在一件無傷大雅的事情上時,父母不要對孩子干涉太多。

劉星是一個調皮搗蛋、格外執著的八歲男孩子。只要是他決定的事,他都會去做,哪怕那是件十分危險的事。

有這麼一個兒子,當父母的一定頭痛不已。可事實上,劉星的爸爸一點也不頭痛。每當他看到劉星執著於一件事情時,他都會說:「你想試,就去試,爸爸永遠支持你。」只不過劉星

Chapter8　孩子的成功定義，由自己書寫

的媽媽十分擔心孩子的安全，以至於對劉星爸爸頗有怨言。

就在前幾天，夫妻倆還爭論得臉紅脖子粗，原因是劉星想爬一棵很高的樹，爸爸非常贊成，並鼓勵孩子去攀爬，而媽媽卻很反對，覺得太過危險。最後的結果是，劉星執著要爬，並如願以償地爬上了高樹。只不過在下來的時候沒踩穩，摔得鼻青臉腫，好在沒有傷到筋骨。

劉星還沒消停幾天，又開始在悶聲搞什麼名堂。

晚上睡覺的時候，媽媽嘆了口氣，憂心忡忡地對爸爸說：「唉，也不知道兒子在搞什麼，這兩天一直在和同學打電話，聲音還特別低。我聽了老半天才知道，兒子準備在星期天的時候和幾個同學一起到公園玩『槍戰』。」

「是嗎？那妳準備些吃的，孩子們玩累了一定會肚子餓。」爸爸不在意地說。

媽媽一聽，氣沖沖地說：「你怎麼就聽不懂我的話呢？我擔心兒子的安全，公園裡水池多，掉下去怎麼辦？雖然玩具槍的子彈不大，但打到身上也會痛，萬一打到眼睛了如何是好？」

「這很簡單，妳帶著吃的和孩子一塊去，有什麼突發情況也能及時處理。至於怕孩子們傷到眼睛，就讓孩子們戴上護目鏡。」爸爸建議說。

對此，媽媽仍然不滿意：「我的意思是，不讓兒子去公園玩槍戰。」

若無大礙，允許孩子堅持自己的選擇

爸爸聽後，搖了搖頭，認真地對媽媽說：「其實妳說的我都懂，可是妳難道不知道？我們兒子那麼調皮，決定的事情一定要做，十頭牛都拉不回。如果妳不讓他去做，他一定會偷偷去做。妳自己想一想，在妳知情和不知情兩種情況下去做，妳會選擇知情還是不知情？」

媽媽聽後沉默了，從此之後，她再也沒有干涉劉星做他所執著的事情了。當然，這些事的前提是無傷大雅。

劉星也因為這些經歷，將執著的個性鍛鍊得堅不可摧。在他此後的人生中，不管是遇到課業上的困難還是生活中的挫折，他都能憑著那股執著闖過去。

相信很多父母都會如劉星的媽媽一樣，非常擔心孩子有一些危險的舉動，為此也會想方設法去制止，或是去訓斥孩子不要去做。可事實上，孩子非常聰明，他們有很多方法瞞過父母偷偷去做，當然，除非父母能二十四小時不間斷地跟蹤孩子。可是，這顯然不現實。所以，當孩子執著於一件危險的事情時，父母不妨化身為孩子的盟友，站在孩子身後，為他出謀劃策，如此便能隨時掌握孩子的心思和行動。

孩子有屬於自己的人生，父母不可能幫孩子去走。而在孩子成長的路上，必然會遭遇挫折，這時候，他們身上的執著就會發揮作用，幫助他們度過難關。所以，當孩子執著於一件事情時，父母怎麼做才能幫助到孩子呢？

Chapter8　孩子的成功定義，由自己書寫

父母可以幫助孩子分析他所執著的事。很多時候，孩子的執著很單純，他們並不知道他所執著的事情的後果。所以，父母一定要告訴孩子做這件事後會有什麼利弊，讓孩子的心裡有數。當孩子明白父母的告知是建議，而不是干涉或阻止，孩子一定會認真考慮事情的利弊，做出一個正確的選擇。

此外，當孩子執著於一件喜歡的事時，父母要給予孩子鼓勵，提醒孩子既然喜歡那就一定要做好，要做好就需要計畫和步驟。讓孩子明白，執著也需要有頭腦。當然，並不是所有執著的事都有一個好的結果，為了防止孩子偏執，父母也需要向孩子灌輸正確的價值觀。

別用父母的夢想，綁架孩子的人生

人生在世，每個人都有自己的理想，都願意為自己的理想去打拚去奮鬥。但並不是每個人的理想都能一一實現。許多父母年輕時由於各種條件的限制，無法實現自己的理想，於是便把自己的理想轉嫁到孩子身上，希望孩子能代替自己去完成當年的理想，彌補自己的遺憾。

這樣的父母，表面上看是為了孩子好，可實際上卻是用自己的理想綁架了孩子的人生。他們之所以能夠這麼肆無忌憚、理直氣壯地去把自己的理想強加到孩子身上，就是因為他們把

孩子當成了自己的附屬品，所以他們才會言辭鑿鑿「你的生命都是我給的，所以你的人生也應該由我來做主」。可是憑什麼呢？難道孩子就沒有自己的理想與人生了嗎？

當然有，哪怕年齡小，孩子也有自己獨立的思想與意識，也渴望為了自己的理想去打拚和奮鬥，只是他們的理想被父母以愛之名無情地扼殺了。雖然在父母的關愛下他們實現了理想、取得了成功，但他們卻感受不到成功的喜悅，因為他們實現的理想不是自己的，獲得的成功也不是自己需要的。

兒童教育心理學說，一個孩子成長為什麼樣的人，80％由家庭教育所決定。當父母把自己未完成的理想綁架在孩子身上，希望孩子去代替自己實現、完成時，就已經違背了孩子的意願，忽略了孩子的成長需求。這樣做，不僅會造成孩子的心靈敏感脆弱，還會因此而失去快樂，甚至孩子長大成人後還有可能會延續你的這種做法，把自己的遺憾也轉嫁到他自己的孩子身上。

「童話大王」鄭淵潔說，要把光宗耀祖的重任扛在自己肩上，而不應該把這個任務轉嫁給孩子。因為孩子也是一個有思想有靈魂的人，也會為了理想的實現而加倍付出努力，但前提是這個理想必須是他們自己認同的、喜歡的、感興趣的。所以，為人父母，請不要再以愛之名，用你的理想去綁架孩子的人生。因為這樣，不僅是對自己理想的不尊重，同時也是對孩

Chapter8　孩子的成功定義，由自己書寫

子人生的不公平。

美國著名生物化學家多伊西（Edward Adelbert Doisy）出生於 1893 年，當時正值美國經濟嚴重蕭條的時候，大批工人失業，生活過得很是艱辛。但與之形成強烈反差的卻是一些工程技術人員，他們的工作絲毫沒有受到經濟危機的影響。於是，為了讓孩子以後能有一個長期而穩定的工作，多伊西的父親便想讓兒子長大後也成為一名工程師。

從多伊西的中學時代開始，他的父親就十分嚴格地要求他認真學好學校的各門功課，不僅如此，還額外地替他加了許多複習題。但多伊西卻唯獨對生物、化學與物理等方面的課程感興趣。因為多伊西的成績一直都還不錯，所以父親也沒有過多干涉兒子的這些興趣愛好。

到了多伊西十七歲考大學那年，父親希望多伊西將來能過著安穩的生活，便不顧孩子的堅決反對，固執己見地讓多伊西報考了伊利諾斯大學工程學院。雖然多伊西不喜歡父親選定的科系，但拗不過倔強的父親，他還是勉強接受了。第一學期考試結束後，多伊西的成績位列班級最後幾名，這讓系裡的老師非常詫異。因為在他們眼裡，多伊西是一個勤奮、認真、聰明、刻苦的學生，可是成績怎會如此不理想呢？

於是，導師去找多伊西談心。多伊西非常坦率地告訴導師：「我對自己所學的科系沒有興趣，而且我平時看的書也不

是必修和選修課程。報考工程學院是我父親的主意，因為他認為這個科系將來能更好地立足於社會。」

了解到多伊西的真實情況後，導師便向學校彙報了此事。不久後，多伊西便如願以償地轉到了自己喜歡的應用科學院的生物化學科系去試讀。他的父親知道後雖然不同意，但木已成舟也無可奈何，只能聽之任之。後來，經過不斷的刻苦學習，年僅二十一歲的多伊西便獲得了學士學位，並於1943年獲得了諾貝爾生理學和醫學獎。

而他也用自己的成績向父親證明了自己當初的選擇是多麼正確。

教育家蘇霍姆林斯基說：「一叢玫瑰，一棵蘋果樹，一株葡萄，都是能帶給人愉快的有生之物。」父母不能隨便嫁接，強迫玫瑰長成蘋果或葡萄，只要孩子的選擇是正確的、有益的、感興趣的，父母就應該尊重、鼓勵和支持。

那麼，父母應該怎麼做，才能更好地幫助孩子完成他們的理想呢？

首先，父母不要讓自己的理想成為孩子的心理負擔。這世間所有的愛都是以團聚為目的，卻唯有父母對子女的愛是以分離為目的。父母應該明白孩子總有一天會長大成人離開自己，所以請不要讓自己的理想成了孩子的心理負擔。孩子是一個獨立的人，並不是父母手中的黏土，可以隨意捏成父母想要的形

Chapter8　孩子的成功定義，由自己書寫

狀，可以隨意接受父母的擺布。

　　一位藝術治療師曾經說過，面對孩子的心靈世界，我們一定要謙卑，再謙卑。所謂謙卑，就是甘願讓對方處在重要的位置，讓自己處在次要的位置。換句話說，也就是父母要暫時放下自己的想法與意願，嘗試拋開自己的一切成見，去深入到孩子的內心世界，讓孩子勇敢去追求自己的理想，做自己想做的事，過自己想要的人生。

　　其次，給孩子自由選擇的權利。面對生活中出現的問題，能夠不受別人的支配自己做主，是一個人應該享有的權利。而學會尊重和維護孩子，並給予他們自由選擇的權利，則是為人父母對子女最好的愛。

　　孩子終有一天要走出父母的視線，踏上自己的人生旅途。但如果他缺乏獨立自主的能力與自由選擇的權利，那麼今後他又將如何去選擇人生的方向、去迎接生活的磨難與挑戰呢？所以，身為父母不妨多給孩子一些選擇的權利，讓孩子學會對自己的人生負責。這樣不僅可以培養孩子的責任心，還可以藉機培養孩子戰勝困難的頑強意志與沉著冷靜的心理特質。

　　為人父母，在孩子的人生道路上可以指導、可以幫助，但卻萬萬不能決定他的人生，他的人生之路還得他自己走，而父母只需在身邊陪著就好。最後，引用海桑〈給我的孩子〉中的一段詩來作為結尾，與所有的父母共勉：

……
你不是我的希望
不是的
你是你自己的希望
我那些沒能實現的夢想還是我的
與你無關,就讓它們與你無關吧
你何妨做一個全新的夢
那夢裡,不必有我
我是一件正在老去的事物
卻仍不準備獻給你我的一生
這是我的固執
然而我愛你,我的孩子
我愛你,僅此而已
……

國家圖書館出版品預行編目資料

不陪跑的父母，用退場成全孩子的獨立：信任教育 × 決策訓練 × 天分引導……用理解代替控制，讓孩子擁有自主成長的力量 / 范曉軍 著. -- 第一版 . -- 臺北市：樂律文化事業有限公司，2025.02
面；　公分
POD 版
ISBN 978-626-7644-47-8(平裝)
1.CST: 親職教育 2.CST: 子女教育
528.2　　　114000806

電子書購買

爽讀 APP

不陪跑的父母，用退場成全孩子的獨立：信任教育 × 決策訓練 × 天分引導……用理解代替控制，讓孩子擁有自主成長的力量

臉書

作　　　者：范曉軍
責任編輯：高惠娟
發　行　人：黃振庭
出　版　者：樂律文化事業有限公司
發　行　者：崧博出版事業有限公司
E - m a i l：sonbookservice@gmail.com
粉　絲　頁：https://www.facebook.com/sonbookss/
網　　　址：https://sonbook.net/
地　　　址：台北市中正區重慶南路一段 61 號 8 樓
8F., No.61, Sec. 1, Chongqing S. Rd., Zhongzheng Dist., Taipei City 100, Taiwan
電　　　話：(02) 2370-3310　　傳　　　真：(02) 2388-1990
律師顧問：廣華律師事務所 張珮琦律師
定　　　價：375 元
發行日期：2025 年 02 月第一版
◎本書以 POD 印製
Design Assets from Freepik.com